이것만 알면

스타트업 인싸

지은이	ǀ	전규열, 조봉현, 오정석
펴낸이	ǀ	이재욱
펴낸곳	ǀ	(주)새로운사람들
초판 인쇄	ǀ	2023년 9월 8일
초판 발행	ǀ	2023년 9월 15일
디자인	ǀ	나비 02.742.8742
주소	ǀ	서울 도봉구 덕릉로 54가길 25(창동 557-85, 우 01473)
전화	ǀ	02)2237-3301, 02)2237-3316
팩스	ǀ	02)2237-3389
이메일	ǀ	ssbooks@chol.com

ISBN 978-89-8120-655-0(03320)
modoobooks(모두북스) 등록일 2017년 3월 28일/ 등록번호 제 2013-3호

책값은 뒤표지에 씌어 있습니다.

이것만 알면

스타트업 인싸

오정석 서울대 경영대학 교수

조봉현 기업은행 前 부행장

전규열 공감신문 대표

새로운사람들

전규열 서경대 경영학부 겸임교수

2017년에 시작했으니 대학에서 창업 강의를 한 지도 7년차다. 창업 현장의 생생한 모습을 보여주기 위해 다양한 시도를 해보았다. 미국 실리콘밸리 현장을 보고 영감을 얻어 기업은행이 만든 서울 마포 '창공'과 창업자들의 아이디어 제품을 투자받기 위한 설명회 자리인 산업은행의 넥스트어라운드 견학, 다양한 스타트업 대표 특강 등.

중앙일보 '나도 한다, 스타트업!' 연재를 통해 창업 현장의 목소리도 들을 수 있었고, 주간경향에 연재한 '세계는 창업 중' 칼럼을 통해 스위스를 비롯한 17개국 성공사례를 통해 인사이트를 얻을 수 있었다.

청년창업가협회와 손잡고 진행한 청년 창업가 사례 발굴은 창업 현안 문제점을 이해하는 데 도움을 주었다.

2019년 대통령 연두 기자회견에서 당시 청와대 출입기자로서 '시니어 스타트업에 대한 지원의 필요성'을 제기하였던 것도 이와 같은 이유에서다. 하지만 스타트업에 필요한 정보를 얻는 것이 쉽지 않았다. 그러던 중에 전문가 분들과 만남이 있었고 분야별로 정리해 보면 어떨까 하는 마음에서 출간을 생각하게 되었다.

다양한 국가별 성공사례, 활용하면 도움이 될 만한 국내 스타트업 지원 현황, 창업 생태계의 핵심적인 역할을 수행하는 대학 창업 지원 사례와 해외 사례가 모아지면 스타트업 발전에 도움이 되지 않을까 하는 바람이었다.

국가별 사례는 주간경향에 연재했던 '세계는 창업 중' 17개국 사례를 기반으로 했고, 국내 창업 지원 현황은 창업 경험이 있는 조봉현 기업은행 부행장 겸 경제연구소장이 맡았다. 국내외 대학 창업 지원 사례는 서울대 경영대학 오정석 교수가 정리했다.

영원한 1등은 없다. 휴대폰 시장 세계 1위였던 핀란드의 노키아가 그랬던 것처럼. 혁신에 실패하면 기업은 존재가치를 잃는다. 노키아는 퇴출되었고 핀란드는 경제위기를 맞았다. 그때 해결사로 등장한 것이 스타트업 활성화였다. 그러면서 핀란드는 다시 일어섰다.

세계경제는 지금 한 번도 경험해보지 못했던 위기에 직면해 있다. 결국 돌파구는 창업 활성화다. 공무원이나 대기업보다 창업에서 희망을 찾는 도전하는 청년들이 필요한 시점이다.

"임자 한 번 해봤어?"

정주영 현대그룹 회장의 말처럼.

이 책이 창업 전반을 이해하고 정보를 구하는 데 도움이 되었으면 하는 바람이다.

조봉현 기업은행 前 부행장

세계를 휩쓴 코로나 팬데믹, 러-우크라이나 전쟁 장기화, 경제 불확실성 확대, 4차 산업혁명, 디지털 전환, 인구구조 급변 등으로 세계질서가 재편되고 있는 가운데 한국경제는 과연 어디로 가야 하는가?

대변혁의 전환기에 처한 우리나라 경제는 복합 위기를 극복하고, 새로운 성장 동력을 지속적으로 창출해 내야 하는 중대 과제를 안고 있다.

변화와 혁신을 이끌 K-스타트업에서 그 길을 찾아보자. 뛰어난 기술과 아이디어로 창업해 글로벌 시장에서 활약할 때 대한민국은 다시 도약할 수 있을 것이다.

스타트업 세계는 냉혹하다. 의욕만 갖고 뛰어들 비즈니스가 아니다. 스타트업의 5년 생존율은 30%도 안 된다. 그만큼 치열하고 자칫 잘못하면 바로 데스밸리에 빠질 수도 있다.

창업가들이 열심히 하는 것도 중요하지만, 리스크를 줄이면서 성공으로 나아갈 수 있도록 정보, 기술, 자금, 마케팅 등이 조화로운 튼튼한 생태계를 잘 구축해 줘야 한다. 아프리카 속담에 "빨리 가려면 혼자 가고 멀리 가려면 함께 가라."고 했다. 스타트업은 단거리 경주가 아니라 먼 목표를 향해 오래 달려야 하는 마라톤과 같다. 그러려면 함께 달릴 수 있는 든든한 지원군이 있어야 한다.

이 책은 스타트업이 올바른 방향으로 가도록 하는 등대 역할을 할 것이다. 스타트업이 다양한 문제에 직면할 때 그 해결책을 찾을 수 있도록 사례를 통해 잘 제시해 주고 있다. 스타트업이 어디로 가야 할지 헤맬 때 올바른 길을 가르쳐 주는 든든한 길라잡이가 될 것이다.

이 책 2부는 크게 3파트로 나눠서 구성돼 있다.

첫 번째 파트는 금융권의 스타트업 육성 프로그램, 두 번째 파트는 정부 공공기관의 스타트업 지원, 세 번째 파트는 스타트업이 활용하면 할수록 도움이 되는 대기업의 상생 프로그램 사례들이 소개되어 있다.

먼저 스타트업의 혈맥 역할을 하는 금융권의 유익한 제도가 있다. 국책은행을 비롯하여 여러 시중은행들과 보증기관이 스타트업을 육성하기 위한 다양한 프로그램을 가동하고 있다.

또한 정부 및 공공기관은 스타트업의 든든한 지원군 역할을 하고 있다. 창업 교육부터 인큐베이팅, 성장 단계별 지원책 등 맞춤형 패키지 지원 프로그램을 운영 중에 있다.

한편 대기업들도 스타트업 지원에 발 벗고 나서고 있다. 대기업-스타트업의 상생을 위해 스타트업을 키우고 있다. 대기업의 스타트업 지원은 단순히 지원을 넘어 구매와 마케팅까지 연결해 주는 파트너로서 협업 역할을 한다.

이 책은 스타트업의 눈높이에 맞춰 실질적인 도움을 주는 지침서가 되고, 정부 및 지원기관에게는 스타트업 육성을 위한 좋은 지원 프로그램을 만드는 데 참고가 될 것이다.

모쪼록 이 책이 스타트업의 새로운 패러다임을 여는 계기로, 우리 청년들에게 '창업 성공'의 창대한 꿈을 이뤄 가는 데 작게나마 보탬이 되기를 희망한다.

"스타트업 강국, Korea!!" 향해 힘차게 나아가자.

오정석 서울대 경영대학 교수

창업 생태계에서 대학은 핵심적인 역할을 수행한다. 다양한 전공분야의 교수와 연구진들은 원천기술, R&D와 상업화 전략, 시장 및 고객의 동향에 대한 이해, 산업별 특성 등에 대한 깊이 있는 지식과 경험을 열정이 가득한 학생들에게 전수, 공유하고 있다. 대학의 학생들은 미래에 대한 열정뿐 아니라 다양한 학문 분야를 경험할 수 있고, 지적인 세계 각국의 교육자와 학생들과의 학문적, 문화적 교류도 활발하다.

이러한 창업 생태계에서 대학의 중요성은 지난 수십 년간의 다양한 경험과 통계에서도 확연하다. 미국의 경우 스탠포드, MIT, 하버드, 버클리, 코넬대학 등에서는 매년 수백 명의 스타트업 창업자를 배출하고, 캠브리지, 옥스퍼드, 인시아드, 임페리얼 칼리지 런던, 런던 정경대 등의 영국 대학들과 텔아비브, 칭화, 히브루, 테크니온, 북경대 등 이스라엘, 중국 대학들의 창업자 배출 활약도 눈부시다.

이들 대학들은 창업대체학점 인정제도, 창업 장학금, 창업 연계 전공, 창업 지원 전담조직, 교원 창업 휴/겸직제도 등 전 방위적인 창업 지원 정책으로 교원과 학생들의 기업가정신을 고취시키고 있으며, 배출된 창업기업들이 주축이 되어 대학 주변으로 회계, 법률, 자금 등 벤처기업 관련 인프라 산업들이 모여들어 효율적인 생태계를 형성하고 있다.

최근 수년간 우리나라도 대학 창업 지원 및 육성 노력이 활발히 전개되었고, 해외 우수제도들도 어느 정도 도입되고 있는 추세이다. 교원, 학생들의 창업 열기도 상당히 고조되었으며, 많은 성과도 창출하였다. 반면 대학의 창업기업 배출은 어느 정도 양적 성장을 달성하였으나 창업 지원 인프라의 질적 성장이 아쉽다는 지적이 나오고 있다. 특히 매출, 일자리 창출 등의 성과에 기여하는 기업 비율이 낮으며 글로벌 시장 진출 현황은 요원한 현실이다,

이에 대학 창업 지원에 있어 다양한 방면에서 '양적 성장'을 넘어 '질적 성장'으로의 전환이 절실한 상황이다. 여기에 더해 대학 구성원 간의 팀 창업을 독려하고, '상업화'의 중요성에 대한 교육 저변을 확대하며, 실패 경험을 높이 사는 등의 창업에 대한 문화적 저변을 넓힐 필요성이 있다.

마지막으로 대학은 글로벌 창업에 최적화된 환경을 제공한다. 해외의 석학, 연구원, 학생들과의 활발한 교류를 교두보 삼아 글로벌 시장에 진출하고 또 해외 대학의 창업인재들에게 우리나라 시장 진출을 제공하는 등 대학 창업 생태계를 글로벌화 하는 것은 대학 창업기업뿐 아니라 우리나라 전체 벤처 생태계에도 새로운 활력을 불어넣을 수 있다.

정책 및 대학 당국은 대학 창업 현황에 대해 다양하고 면밀한 관심을 기울이고 현장의 목소리를 적극 청취할 필요가 절실한 시기이다.

교직원, 연구원, 학생 등 대학 창업 생태계 일원들이 좀 더 효율적이고 넓은 시야를 확보하고, 우리나라 대학들이 글로벌 창업 생태계의 중요한 일원으로 우뚝 서며, 한국경제의 미래를 밝게 비추는 역할을 하게 되기를 기대한다.

차례

제1부

세계는 창업 중

스위스

시계 강국에서
스타트업 천국으로

글로벌 혁신지수 8년 연속 세계 1위, 글로벌 기업가정신지수 세계 2위, 매출액 또는 종업원 수 3년 연속 평균 20% 이상 고성장하는 '가젤형 기업'이 많고, 창업 기업의 82%가 1인 기업인 나라. 진출기업에 대한 차별이 없고, 낮은 법인세(14%) 정책지원으로 친기업적인 환경을 조성한 유럽의 기술 강국. 4차 산업혁명의 선두주자로 떠오른 알프스의 나라 스위스 이야기다.

블록체인의 메카 크립토밸리

스위스 스타트업은 지난 2015년 유로화 대비 환율 하한제를 폐지하면서 스위스프랑화 가치가 30% 이상 급등하는 등 급격한 경제 침체를 겪으면서 시작됐다. 스타트업 활성화는 디지털 허브를 구축하기 위해 기업 및 대학과 비정부기구(NGO), 지방정부 등 150여 회원사가 모여 만든 '디지털스위스'의 영향이 컸다.

　　　정부 주도가 아닌 지형적 특성을 활용해 자연스럽게 성장한 22개의 클러스터도 도움이 됐다. 대표적인 것이 가상화폐인 블록체인 성지로 떠오른 '크립토밸리(Crypto Valley· 암호 화폐 도시)'다. 암호 화폐를 뜻하는 'cryptocurrency'와 마을을 의미하는 'valley'의 합성어다.

미국의 실리콘밸리가 스타트업 성지라면 스위스 크립토밸리는 블록체인 메카다. 스위스가 처음부터 블록체인 클러스터를 표방한 것은 아니었다. 스위스는 가상화폐인 이더리움 등이 추크 시에 들어올 때 신속한 행정지원으로 그들의 마음을 사로잡았다. 암호 화폐 장려정책으로 전 세계 개발자들이 모여들면서 그로부터 4년 후 추크 시는 세계적인 블록체인 메카로 성장하게 된 것이다. 시골이었던 이곳은 이제 글로벌 블록체인 회사 300여 개가 들어서면서 세계적인 블록체인의 중심지로 탈바꿈했다.

기업 친화적인 지방정부가 우수한 산업 여건으로 전 세계의 블록체인 기업들을 이곳으로 끌어들이면서 인구 3만의 작은 도시에 수많은 일자리가 창출되고 있다. 특히 스위스가 금융 분야 감시가 매우 높은 수준임에도 불구하고 정부의 일관된 혁신 및 블록체인 산업 조성을 위한 정책이 많은 블록체인 관련 기업들을 스위스로 몰려들게 했다.

세계 최고 수준의 공과대학

글로벌 투자은행 크레디트 스위스 보고서에 따르면, 연간 약 4만 개의 창업 기업 중 82%가 1인 기업이다. 또한 이들 기업 중에 약 400개는 매출액이나 종업원(10명 이상) 수가 3년 연속 평균 20% 이상 고성장하는 '가젤형 기업'이다. 스위스의 스타트업 생태계가 그만큼 우수하다는 것을 알려주는 통계다.

이와 같은 영향으로 'Swiss VC Report 2019' 자료를 보면 스위스 스타트업 대상 투자는 2018년 기준 대비 31.8% 증가한 약 12억 3,600만 스위스프랑(약 1조 4000억 원)이 이루어졌다. 그 중에서 정보통신기술(ICT) 및 핀테크 분야가 전체 자금 규모의 55%를 차지했다. 특히 2018년 기준 ICT 투자 비중은 2015년 19%, 2016년 30%, 2017년 32%로 지속적인 증가를 했다. 산업 규모도 전체 국내총생산(GDP)의 4.5%, 종사자도 20만 명이 넘는 주요 산업으로 성장했다.

취리히공대(9위), 로잔공대(18위) 등 세계 최고 수준의 공과대학과 글로벌 ICT 기업이 다양하게 포진하고 있어 인재 풀이 풍부한 것도 스위스 스타트업 성장의 기반이 됐다.

스위스의 혁신성·확장성·글로벌화도 창업에 유리했다. 혁신성 덕분에 웨어러블, AR(증강현실)·VR(가상현실), 자율주행 등 최신 및 미래 트렌드에 적극적으로 대응할 수 있었다. 확장성은 고기능성 제품의 제조에 그치지 않고 하나의 서비스 또는 종합 솔루션 제공업체로 사업 영역을 확대하며 기반을 넓히게 했다. 글로벌화는 사업 초기부터 적극적으로 해외로 나가 글로벌 시장을 목표로 잡게 했다.

스위스 최초의 유니콘 기업 마인드메이즈(Mindmaze)는 글로벌화의 대표적인 성공 사례다. 중풍 등 뇌질환 환자의 재활치료용 AR·VR 솔루션을 만드는 마인드메이즈는 2011년 스위스에서 창업했다. 2014년 기업의 장기 전략 차원에서 AR·VR 시장이 발달한 미국의 실리콘밸리로 제품 개발 장소를 옮겼다.

이 같은 노력 덕분에 스위스는 기업가정신의 질과 그 생태계를 평가하는 글로벌 기업가정신 지수에서 2018년 미국에 이어 세계 2위에 올랐다. 또한 80개의 평가기준을 토대로 국가경제의 창의성 및 혁신성을 측정하는 지표로서, 유엔 산하기구인 세계지식재산권기구에서 매년 발표하는 글로벌 혁신지수(GII)에서 8년 연속 1위를 차지하기도 했다.

스위스의 대표적인 스타트업으로는 중소기업의 소액 파이낸싱을 위한 핀테크 플랫폼 어드배넌(Advanon), 웨어러블을 통해 여성에게 임신이 가능한 배란기를 알려주는 AVA, 실내비행이 가능한 산업 및 보안용 드론 플라이어빌리티(Flyability)가 있다. 또 PC 사용이 어려운 현장 근로자용 메신저 앱 비키퍼(Beekeeper), 소규모 사업체를 위한 비즈니스 소프트웨어 벡시오(bexio), 고해상도 카메라를 장착한 드론으로 농작물을 촬영하고 전용 소프트웨어로 농작물 상태를 분석하는 솔루션 가마야(Gamaya)도 스위스 스타트업이다. 무인 미니버스 운영 시스템인 베스트마일(Bestmile)도 많이 알려진 스타트업이다.

| 이스라엘 | '중동의 실리콘밸리'로 발돋움한 원동력은? |

인구 860만의 작은 나라지만 1인당 스타트업 수 세계 1위, 국내총생산(GDP) 대비 연구개발(R&D) 투자 세계 1위, 10억 달러 이상의 가치를 가진 스타트업 30개가 넘는다. 나스닥 상장 기업 수 98개로 미국, 중국에 이어 세계 3위, 면적은 대한민국의 5분의 1 수준이지만 매년 3,850개의 회사가 생겨나는 혁신지수 세계 10위, 행복지수 세계 11위의 나라다.

아랍 국가지만 석유 한 방울 나지 않는, 천연자원이라고는 사람이 전부인 나라. 바로 이스라엘이다. 이스라엘이 혁신과 기술의 창업 천국으로 성장할 수 있었던 비결은 무엇일까?

독립 후 세계 각국에 흩어져 있던 이스라엘인들은 1993년 국가 재건을 위해 모였지만 당시 침체된 경기로 실업률이 높았다. 경기를 살리기 위한 방안으로 이스라엘 정부는 과학자, 기업가, 기술자들을 모아 새로운 성장모델로서의 스타트업에 주목했다.

창업국가 도약의 첫 발걸음으로 이스라엘은 경제의 중심지라 할 수 있는 텔아비브에 중동 최대 벤처단지인 '실리콘 와디'를 만들었다. 텔아비브는 의미 있는 지역이다. 유대인이 소망하는 봄의 언덕으로 '텔(tel)'은 언덕, '아비브(avia)'는 봄이라는 뜻이다.

1948년 이스라엘 건국도 봄의 언덕에서 시작됐을 만큼 상징적인 곳이다. 이곳에 정보통신기술, 반도체, 생명과학 등 첨단 분야 벤처기업 4000여 곳, 200개 이상의 액셀러레이터와 인큐베이트, 벤처투자자, 다국적 기업의 R&D센터 등을 모았다.

스타트업 규모 키우는 '스케일 업' 정책

또한 첨단기술 산업 육성과 외국인 투자자 유치를 위해 1000만 달러 규모의 민관합작 '요즈마펀드(요즈마는 히브리어로 창의 시작의 뜻)'도 만들었다. 이스라엘 창업 생태계의 본격적 태동이 시작된 것이다. 이 펀드는 이스라엘 정부와 민간이 4대 6 비율로 투자한 벤처캐피털로 정부가 창업기업에 자금을 대면 민간도 투자할 수 있도록 만든 이스라엘의 모태펀드다. 설립 당시 1억 달러였으나 20년 만에 40배 이상 규모로 성장했다.

이스라엘 스타트업의 특징은 철저하게 민간중심이라는 점이다. 정부 부처 28개 중에서 13개 부에 경제발전의 근간이 과학과 기술이라는 판단 아래 장관급에 해당하는 수석과학관을 두고 부처마다 대학들과 해당 업무와 관련된 연구개발 프로젝트를 진행한다. 수석과학관은 트누파라는 벤처육성 프로그램을 통해 창업 전 필요한 자금의 85%를 지원해주고 나머지 15%는 창업 초기 각종 지원을 담당하는 인큐베이트가 맡는 구조다. 특이한 점은 실패해도 갚지 않아도 된다는 점이다.

실패를 용인하고 존중하는 '다브카(Davca)' 문화가 이스라엘 창업 천국의 기반이 됐다. 다브카는 히브리어로 '그럼에도 불구하고'라는 의미로 실패해도 괜찮으니 한계를 극복하고 성공하라는 뜻이다. 청년들은 도전하고, 책임은 사회가 진다는 것이다.

이스라엘에서는 창업을 개인의 영리 추구보다는 공공 발전의 성격으로 보는 시각이 강하다. 그래서 결코 남의 실패를 비난하거나 책임을 묻지 않는다. 실패와 시행착오를 해도 개의치 않는다는 것이다. 이스라엘 정부는 실패한 창업자에게 첫 창업 때보다 더 많은 인큐베이팅 프로그램과 자금을 지원한다. 한 번 실패했기 때문에 오히려 성공 가능성이 높다는 판단에서다.

이와 같은 지원 덕분에 이스라엘에서는 매년 1000개의 스타트업이 등장한다. 물론 이중 2%만 성공한다. 이스라엘 정부와 요즈마펀드 등은 실패한 98%의 창업자 지원을 위한 재원도 따로 관리하고 있다. 일반적으로 실패 이전보다 20% 이상 많은 추가 지원을 제공한다. 젊은 창업자라면 도전해볼 법한 환경과 제도를 갖춘 것이다.

또 다른 특징은 '연쇄 창업'이다. 여러 번 재(再)창업을 통해 사업 노하우를 쌓은 창업자들이 많아지면서 투자자 입장에서 자금을 회수하는 방안인 엑시트(Exit) 규모도 커졌고, 생태계도 성숙해졌다. 스타트업 수를 늘리기보다 기존 스타트업 규모를 키우는 '스케일 업' 정책을 펴고 있다. 우리나라처럼 한 번 창업하면 끝장을 보는 정주영식 '창업가 정신'이 아니라 하나를 빨리 키워 적당한 가격에 팔고 그걸 기반으로 또 다른 사업에 도전하는 방식이다.

주로 첫 번째 사업에서 경험을 쌓고, 두 번째와 세 번째 사업에 '올인'하는 방식이다. 이스라엘은 엑시트 기간도 짧다. 우리나라가 평균 10년이 걸리는 반면 평균 4년 반 정도다. 빠른 엑시트는 결국 활발한 재(再)창업으로 이어져 엔젤투자, 벤처캐피털 등 이스라엘의 투자 생태계를 성장할 수 있게 만들었다. 투자 생태계가 발전하려면 엑시트 사례가 많아져야 하는 이유다. 이스라엘의 2016년 엑시트 건수는 104건이었다.

짧은 엑시트 기간과 재(再)창업 육성정책

글로벌 기업의 R&D센터 유치도 스타트업 성장의 기반이 됐다. 인텔, 애플, 페이스북 같은 대기업 지사나 R&D센터 350여 개가 들어오면서 고용뿐 아니라 스타트업과의 협업 효과도 컸다. 글로벌 기업 R&D센터 유치로 벤치마킹은 물론 이를 활용한 기술혁신으로 해외투자자의 마음도 사로잡을 수 있었다. 이스라엘은 해외투자자가 전체 벤처투자의 약 87%로 비중이 높다. 2018년 이스라엘 스타트업에 대한 투자는 2017년에 비해 17% 증가한 635억 달러를 기록했고, 2019년에는 829억 달러에 달하며 더욱 가파른 성장세를 보였다.

대표적인 스타트업으로는 2013년 설립된 핀테크 스타트업으로 신용기금 신청 프로세스를 5분미만으로 간소화한 블루바인(BlueVine)이다. 지금까지 1만 5,000개의 중소기업에 20억 달러의 기금을 지원했다. 플라이트렉스(Flytrex)는 드론 기술 스타트업으로 카메라 탑재 없이 움직이는 종단(End to End) 간 드론 배송 서비스다.

프로스퍼라 테크놀로지스(Prospera Technologies)는 빅 데이터와 인공지능 기술을 활용하는 농업기술 스타트업이다. 농장에서 수집된 데이터를 분석해 온실 시스템과 재배를 최적화하는 데 도움을 준다. 유빅(Yoobic)은 제조기업과 제품을 판매하는 소매점이 효과적으로 통신할 수 있는 앱이다. 매장에 전시된 자사 제품이 최신 상품인지, 하자는 없는지 빠르게 확인할 수 있도록 도와준다. 제브라 메디컬 비전(Zebra Medical Vision)은 독점적인 인공지능 기술을 사용해 의료 영상을 객관적으로 조명하고, 사용자에게 결과를 보다 빠르고 효과적으로 전달할 수 있게 도와주는 헬스테크 스타트업이다.

이스라엘이 중동의 실리콘밸리로 성장할 수 있었던 비결은 여러 가지다. 하지만 무엇보다 이스라엘이 성공할 수 있었던 요인은 한국보다 창업 생태계나 인큐베이팅 프로그램이 혁신적이었다기보다 스타트업을 바라보는 시각과 실패를 대하는 태도가 달랐기 때문이다. 실패를 용인하고 재(再)창업을 육성하는 이스라엘의 '다브카' 문화가 스타트업 천국이 된 진짜 비결이 아닐까?

실패가 두렵지 않은 창업 선진국

덴마크

국제투명성기구 평가 청렴도 세계 1위, 포브스가 선정한 기업하기 좋은 나라 2년 연속 1위, 5년 미만 신생기업 특허 출원 건수 경제협력개발기구(OECD) 회원국 1위, 위험을 감수하고 미래가 보장되지 않는 분야인 '기회 추구 형' 창업비중 세계 1위, 기업가 정신, 세계 6위의 북유럽 스칸디나비아반도에 있는 인구 570만에 면적은 한국의 5분의 1 수준인 작은 나라.

창업 자본금 규제가 없어 3일이면 회사를 만들 수 있어 매년 1만 4,000개의 스타트업이 설립되며, 유럽시장 접근성이 좋아 서너 시간 안에 유럽 모든 국가에 갈 수 있는, 비영어권 국가 중에서 영어를 가장 잘하고, 직업 간 소득 격차가 적어 기술직이 인정받으며, 실패해도 재기할 수 있는 든든한 복지제도를 가진 인어공주의 나라. 덴마크 이야기다.

덴마크는 1인당 국내총생산(GDP)이 세계 최고 수준이지만 인구 570만으로 내수시장이 작다. 수출로 먹고살아야 하기 때문에 해외 경제동향에 민감한 나라다. 2008년 미국 발 금융위기는 덴마크에 적지 않은 영향을 미쳤다. 1년 사이 3,500여 곳이 넘는 기업이 문을 닫았다. 덴마크의 높은 임금은 수출국가인 덴마크 기업에 큰 타격을 줬다.

스타트업 육성을 국가 전략으로

덴마크 정부는 위기의 원인을 기업의 글로벌 경쟁력에서 찾고 대책을 마련했다. 대기업보다 일자리를 더 많이 만들 수 있는 다양한 중소기업이 세계경제 부침에도 유연하게 대응할 수 있다는 판단에 창업 생태계 조성을 선택했다. 특히 고용창출 효과가 높다고 알려진 3년 이상 매출이나 근로자 수가 매년 20% 이상 성장하는 '성장 형 기업'에 집중했다. 정부는 이러한 정책을 수행하기 위해 스타트업 육성 및 기업가 정신 확산을 국가전략으로 삼고 다양한 프로그램을 도입하는 등 구체적인 정책을 마련했다.

대학도 8곳 모두 국립대학이라는 점을 활용해 대학생 창업을 적극적으로 지원했다. 특히 대학과 기업 사이에 다리를 놓는 프로그램이 성과를 냈다. 대학 연구 성과가 상품화될 수 있도록 지원함으로써 창업 생태계의 토양을 마련했다.

교육, 의료, 복지 서비스가 무상인 든든한 복지제도는 스타트업 생태계를 낳는 기반이 되었다. 실직을 하더라도 최소 2년간 실업급여를 주기 때문에 적극적으로 창업에 도전할 수 있는 원동력이 됐다.

유연한 노동시장도 창업 활성화에 도움이 됐다. 제도적으로 고용주가 노동자를 자유롭게 해고할 수 있지만, 실직해도 최소 2년간 실업급여를 주는 든든한 복지제도가 있어 진로변경 등 자발적 실업도 많다. 1년에 노동자 4명 중 1명이 일자리를 옮길 만큼 이직이 잦은 이유다. 노동시장의 유연성은 기업에는 시장상황에 능동적으로 대처할 수 있도록 만들었고, 정부는 복지제도라는 사회안전망을 구축해 창업자에게 든든한 버팀목이 돼주면서 과감하게 창업에 도전할 수 있는 기반을 만들었다.

미국 경제지 '포브스'가 올해의 기업하기 좋은 나라 순위에서 2년 연속 1위를 차지할 만큼 뛰어난 기업환경도 창업 활성화에 영향을 미쳤다. 개인 세금 부담률이 세계에서 가장 높지만, 국제투명성기구가 2014년 실시한 세계부패인식도 조사에서 1위를 차지할 만큼 청렴하다 보니 국민도 정부를 믿고 따른다. 이런 점이 고비용 고복지의 사회보장제도를 운영할 수 있는 기반이 됐다.

외국인 유치를 위해 차별을 없애고 국제적 추세에 발맞춰 법인세율을 낮춘 것도 창업환경 개선에 도움이 됐다. 법인세율은 유럽연합(EU)에서 가장 낮은 수준으로 미국이나 프랑스, 독일보다 낮다. 복지제도를 국가가 운영하기 때문에 기업이 인건비 외에 따로 부담하는 복지비용이 없다. 외국인에 대한 차별이 없는 것도 창업 활성화에 영향을 미쳤다.

교육제도도 창업 활성화의 기반이다. 소득이 높은 전문직은 그만큼 더 많은 세금을 내기 때문에 직업 간 소득 격차가 적고, 현장에서 오랜 경험을 쌓은 기술직이 보수는 물론 사회적으로 전문직 못지않게 인정받기 때문에 많은 학생이 대학 진학보다 사회생활을 선호하기도 한다. 직업 간 소득 격차가 적고 학력으로 차별을 받지 않는 문화는 학생들이 대학에 가지 않아도 충분한 대접을 받고 살 수 있어 자신의 적성에 맞는 직업을 선택하게 만들었다.

의사 등 전문직이 필요한 경우만 대학진학을 하다 보니 진학률도 40%로 낮다. 반면 기술을 원하는 학생은 교육과정이 실습으로만 진행되는 기술학교로 진학한다. 창업에 대한 사회적 인식이 세계에서 가장 긍정적인 것도 창업 활성화에 도움이 되고 있다.

스타트업, 매년 1만 4,000곳 새로 생겨

덴마크 스타트업 성장에는 10년 동안 꾸준히 창업 육성정책을 연구하고 평가하고 보완하는 과정을 반복한 결과다. 매년 1만 4,000곳이 넘는 스타트업이 새로 생기고 이들 가운데 80% 이상이 1년 이상 살아남을 만큼 기업환경이 크게 개선됐다. 5년 미만 스타트업이 낸 특허 출원 건수는 OECD 회원국 가운데 가장 많다. 50여 개의 벤처캐피털도 덴마크 스타트업에 마중물을 됐다. 고위험 창업에 도전하는 '기회 형 창업' 비중이 71%로 세계에서 가장 많고, 기업가정신은 세계에서 6위라는 높은 평가를 받았다.

대표적인 스타트업으로는 2016년 개발된 세계 최초의 식당 마감 플랫폼 '투굿투고(Too Good To Go)'가 있다. 팔고 남은 음식을 처리하고 싶은 음식점과 저렴한 가격에 음식을 구매하기를 원하는 소비자들이 주 고객이다.

덴마크가 창업가가 대접받는 나라가 될 수 있었던 것은 실패해도 재기할 수 있는 든든한 복지제도와 직업 간 소득 격차를 줄일 수 있었던 높은 소득세율, 대학에 진학하지 않아도 충분히 대접받는 기술직 우대 문화가 밑바탕이 됐다. 또 자본금 규제가 없어 쉽게 창업할 수 있고, 실패해도 최소 2년 이상 실업수당을 받을 수 있는 유연한 노동시장, 경영자유가 보장되고 부정부패가 없으며 규제가 효율적이고 세계에서 가장 청렴한 나라라는 점도 창업환경을 세계 최고수준으로 만드는 데 기여했다.

여기에 서너 시간이면 유럽 모든 국가에 닿을 수 있는 접근성, 영어권 국가 중에서 가장 영어를 잘하고 기술직을 선호하는 문화로 이론과 실무를 겸비한 전문가가 많은 점, 무엇보다 창업가를 보는 사회적 인식이 세계에서 가장 긍정적인 것이 주요했다.

농산물 수출도
'혁신 DNA'도 세계 2위

스타트업 스케일 업 세계 1위, 글로벌 혁신지수 세계 2위, 비즈니스하기 좋은 나라 세계 3위, 국가별 엑시트 가치평가 세계 7위, 유럽주요 국가와 일일생활권으로 접근성이 뛰어나고, 능통한 영어 실력과 고학력 기술 인력이 풍부해 유럽 스타트업 허브 국가로 성장한, 풍차와 튤립으로 유명한 네덜란드 이야기다.

인구 1,700만 명에 크기는 남한의 절반보다 작고 일조량도 우리나라의 절반 수준이지만, 농산물 수출 세계 2위의 네덜란드가 창업 천국으로 성장할 수 있었던 비결은 무엇일까?

변화는 전 유럽연합(EU) 집행위원장이었던 넬리 크뢰스(Neelie Kroes)가 2014년 스타트업의 국제적 입지 강화와 혁신적인 스타트업 유치를 위해 특사로 임명되면서 시작됐다. 내수시장 극복을 위해 만든 스타트업 델타, 스타트업 박스, 창업거주제도 프로그램도 원동력이 됐다. 네덜란드 주요 10대 클러스트가 산업별로 형성되고 90분 이내로 연결되면서 스타트업이 성장할 수 있는 기반이 완성됐다.

주요 대학 지역별 균형도 한몫

에인트호번 공대 캠퍼스에 IBM, NEC 등 글로벌 기업이 유치되고 이곳에서 세계 각국의 연구원들이 정보를 공유했다. 델프트 사이언스 파크에는 델프트 공대와 세계 인큐베이터 2위인 예스델프트가 입주하면서 2018년 4만여 개의 일자리가 창출됐다.

네덜란드 주요 대학이 편중되지 않고 지역별 균형을 이룬 것도 스타트업 생태계를 안정적으로 구축하는 데 도움이 됐다. 주요 액셀러레이터도 활성화에 힘을 보탰다. 하이테크 엑셀은 아이디어만으로 창업에 도전하는 많은 스타트업에 필립스 등 28개 기업이 조성한 펀딩을 지원하는 등 다양한 방법으로 후원했다.

정부 차원의 지원도 도움이 됐다. 대표적인 것이 스타트업 델타다. 스타트업 델타는 네덜란드 도시별로 분산된 스타트업을 한 곳에 모으는 스타트업 허브로 정부, 연구기관, 스타트업 등이 협업하는 비영리 공공 민간 파트너십 플랫폼이다. 이들은 정기적으로 만나 지역의 업무와 비전을 공유한다. 테슬라, 넷플릭스, 우버 등이 참여하고 있다.

유망스타트업 유치는 암스테르담 사이언스 파크 내에 조성된 스타트업 빌리지가 담당하고 있다. 첨단기술과 과학 분야 스타트업을 유치하고 상호 간의 네트워크를 구축해 동반 상승효과도 도모하고 있다.

창업 5년 이내의 신생기업이 새로운 아이디어를 시장에 내놓기 위해 필요한 초기자금을 낮은 이자율로 대출해주는 스타트업 초기자금 조달제도(VFF)도 도움이 되고 있다. EU 외의 외국인이 창업할 수 있도록 1년 동안의 거주허가증을 발급해주는 스타트업 거주비자와 자사제품과 서비스 자금조달 가능성을 확인해볼 수 있는 웹사이트 스타트업 박스도 외국인 창업 활성화에 기반이 됐다.

스타트업 규모를 키우는 스케일 업 전략도 영향을 미쳤다. 엑시트는 2017년 15개 스타트업이 5,000만 달러 이상으로 누적 80억 유로를 기록했다. 규모를 키우는 스케일 업도 전년 대비 5.4% 증가해 스케일 업 비중이 12%로 세계에서 가장 높았다. 에라스무스 기업가센터 자료에 따르면 2013~2016년 스케일 업 전략을 통해 3만 9,000개의 일자리가 창출됐다. 매년 네덜란드 암스테르담과 미국 뉴욕에서 개최되는 유럽 최대 스타트업 컨퍼런스인 TNW(The Next Web)도 도움이 됐다. 2018년 약 1만 5,000명이 참가해 성황을 이뤘다.

네덜란드 스타트업은 정보통신기술(ICT) 분야를 중심으로, 핀테크, 전자상거래 솔루션 분야에서 활발하다. 현재 5,000여 개의 스타트업이 운영 중이고, 70여 개의 액셀러레이터와 인큐베이터, 90개 이상의 벤처캐피털이 스타트업 생태계를 지원하고 있다.

네덜란드의 스타트업 육성 정책은 외국인 투자유치와 일자리 창출 등 경제에 많은 영향을 미쳤다. 글로벌 컨설팅 기업인 EY네덜란드 '기업환경지표'에 따르면 2017년 유럽의 외국인 투자 건수는 6,653건으로 전년 대비 10% 이상 증가했고, 35만 3,469명의 일자리가 창출됐다.

대표적인 유니콘 기업으로 세계 229개국에서 약 3,000만 개의 숙소 예약을 제공하는 부킹닷컴(Booking.cm), 전자상거래 및 POS 등 전 세계 온라인 단일지불플랫폼 아디엔(Adyen), 음식배달 서비스 플랫폼 테이크어웨이닷컴(Takeaway.com) 등이 있다.

알파고 탄생시킨 테크시티, 유럽 'AI 천국'으로 변신

알파고로 전 세계 인공지능(AI) 열풍을 일으켰던, 유니콘 17개 중에서 11개가 AI 기반 스타트업인 나라. 매일 1,000개의 스타트업이 생겨나고, 중소기업이 민간부문 고용의 약 60%를 차지하는, 전 세계로부터 아이디어, 자금, 조언이 모여드는 나라. 2010~2017년 1,234개의 스타트업 엑시트로 미국에 이어 스타트업 엑시트 세계 2위, 글로벌 스타트업 생태계 리포트 마케팅 리치 부분 세계 2위, 글로벌 도시 생태계 평가에서 실리콘밸리, 뉴욕에 이어 세계 3위 도시를 보유한 나라. 미성년자도 아이디어만 있으면 10파운드(약 1만 6,000원) 이하의 자본금으로 창업할 수 있고, 창업 절차도 간편한 나라, 유럽의 실리콘밸리 영국 이야기다.

엑시트 용이, 창업 간편, 자본금 제한 없애

영국의 스타트업은 금융위기 이후 도심 곳곳이 녹슬고 버려진 창고와 공장이 즐비했던 빈민가 지역을 스타트업 천국 '테크시티(Tech City)'로 재구성하면서 시작됐다. 런던의 동쪽 주변부 중 땅값이 싼 쇼디치, 올드 스트리트 지역을 중심으로 형성됐던 이곳이 처음부터 붐볐던 것은 아니다. 2008년 이전만 해도 주변에 정보통신(IT) 기업 20여 개가 전부였다. 그러다 금융위기로 금융 서비스가 위축되자, 그 자리를 IT업계가 차지했다. 지금은 구글, 아마존 등 글로벌 기업과 1,300여 개 스타트업이 모여 세상의 주목을 받는 곳으로 변했다. 이곳이 벤처캐피털(VC), 클라우드펀딩, 엔젤투자자 등 스타트업 3박자를 고루 갖추게 되자 예비창업자와 기술자가 모여들면서 스타트업 생태계가 구축되는 계기가 됐다.

런던의 테크시티는 미국의 '실리콘밸리'와 영국의 로터리를 지칭하는 '라운드어바웃'이 합쳐져 '실리콘 라운드어바웃'이라고도 불린다. 원래는 공장지대로 가난한 노동자들이 모이는 허름한 분위기로 유명했던 곳이다. 금융위기 이후 산업구조가 바뀌면서 슬럼화가 진행되자 런던 도심과 불과 10분 거리에 있었지만, 우범지역으로 변했다.

하지만 낙후된 건물에 따른 싼 임대료 덕분에 한 푼이 아쉬운 창업자들이 모여들기 시작하면서 이것이 반전의 계기가 됐다. 영국 정부도 이들을 주목했고, 2010년 데이비드 캐머런 총리가 나서서 테크시티 조성방안을 발표했다. 낙후된 공장부지가 IT 중심지로 탈바꿈하게 된 것이다. 내용으로 보면 서울 성수동이나 구로공단과 유사하다.

영국은 달랐다. 재개발을 통해 신축건물을 올리고 상권을 형성시키지 않았다. 기존 낡은 건물을 그대로 사용한 것이 영국 스타트업 생태계 성장의 기반이 됐다. 출범 당시 100개도 안 되던 입주기업이 최근에는 5,000여 개가 넘어서면서 스타트업 천국으로 발전하게 됐다. 테크시티 덕분에 세계 금융의 중심지였던 런던은 이제 IT 중심의 미국 실리콘밸리와 달리 영화, 미디어, 음악, 금융 등 IT와 연계된 다양한 산업들의 성장하면서 미국 실리콘밸리와 뉴욕에 이어 세계 세 번째로 큰 스타트업 도시로 성장했다.

2016년 이세돌 9단과 세기의 대결을 펼치며 전 세계적으로 인공지능 열풍을 일으켰던 AI, 알파고를 만든 구글의 딥마인드가 탄생한 곳이기도 하다. 특히 영국은 유럽 AI 스타트업의 3분의 1을 가지고 있어 이 분야에서 활약이 돋보인다.

3박자 고루 갖춘 스타트업 생태계

영국의 대표적인 스타트업으로는 2010년 설립된 '트랜즈퍼와이즈'가 있다. 송금 및 환전이 필요한 이용자들을 서로 매칭해 기존 은행에 지불해야 했던 수수료를 절감시킨 핀테크(P2P) 분야의 스타트업으로 세계 59개국에서 매월 약 100만 명의 고객이 총 10억 파운드의 금액을 송금하고 있다.

2003년 스코틀랜드에서 시작한 항공권 가격비교 검색엔진으로, 웹사이트 및 모바일 애플리케이션을 통해 서비스를 제공하는 '스카이스캐너'도 대표적인 영국산 스타트업이다. 지금은 항공권과 숙박, 자동차 렌트 등의 가격비교 사이트로 서비스가 확대됐으며, 30여 개 언어, 70개 이상의 통화로 서비스 이용이 가능하고 월 방문자 수가 6,000만 회를 기록할 만큼 글로벌 기업으로 성장했다.

이 밖에도 실시간 대중교통 내비게이션 맵인 '시티 맵퍼(City Mapper)', 명품의류 온라인 쇼핑몰인 파페치(Farfetch), 개인 간(P2P)의 신용대출 플랫폼 펀딩서클(Funding Circle) 등이 있다.

영국의 스타트업은 런던을 중심으로 스타트업 클러스트를 조성하고 정부 · 민간이 다양한 창업지원 활동을 한 것으로 집약된다. 대표적인 창업육성 프로그램으로 성장 가능성이 높은 50개의 스타트업을 선정해 정부가 적극 지원하는 '미래 50(Future Fifty)', 영국 내에 산재한 16개 산업 클러스트 간의 교류를 통해 성공사례와 정보를 공유하는 활동을 지원하는 '테크시티 영국 클러스트 동맹', 전 국민을 대상으로 대학의 전문가들이 창업과 운영에 대한 전반적인 강의를 해주는 온라인 교육프로그램 '디지털 비즈니스 아카데미'가 있다.

특히 영국은 창업자가 빠른 시간 안에 아이디어를 사업화해 안정적인 기업이 될 수 있도록 돕는 액셀러레이터 활동도 활발하다. 성장 잠재력이 높은 기업만을 특별 지원하는 '더 디퍼런스 엔진', 핀테크 관련 스타트업에 자금조달과 경영자문을 지원해주는 민관합동 핀테크 육성기관 레벨39(Level 39)도 있다. 또한 해외 각지에서 활동 중인 글로벌 기업 본사를 영국에 유치하기 위한 'HQ-UK' 프로그램을 통해 페이스북, 구글, 맥킨지 등 유수의 글로벌 기업을 유치하는 성과를 냈다.

영국은 정부가 스타트업 저변을 확대하기 위한 포괄적인 정책을 추진하고, 민간이 개별 원칙에 따라 차별적인 지원전력을 펼치는 것이 특징이다. 실패를 용인하는 실리콘밸리 문화가 런던의 창업 생태계에 형성된 것도 긍정적이다.

스타트업 성장비결은 '로켓인터넷'

유럽 유니콘(1조 원 이상의 기업 가치를 인정받은 기업)의 25%가 탄생했고, 창업자의 43%가 외국인이라 실리콘밸리 다음으로 외국인 창업 비율이 높은 곳. 기업투자자에 의한 인수합병(M&A)이 88%인, 엑시트가 활성화돼 있는 나라. 세계 스타트업 생태 시스템 평가 7위인 유럽 스타트업 허브 독일 이야기다.

독일 스타트업 성장의 핵심은 2017년 투자금액이 42억 7,600만 유로로, 영국에 이어 유럽 2위를 기록할 만큼 자금조달 여건이 좋다는 점이다. 또한 기업투자자에 의한 M&A가 활성화돼 엑시트가 용이하고, 외국인 친화적인 비즈니스 환경이 조성돼 있다. 여성기업인 롤 모델을 제시하는 '여성기업 프로그램', 대학창업 지원금을 지원하는 'EXIST 프로그램', 창업에 관심 있는 사람들을 위한 행사를 개최하는 '독일 창업자 주간 프로그램', 기존 중소기업을 인수할 수 있도록 도와주는 'nexxt-CHANGE 프로그램', 청소년들이 창의적인 창업 아이디어를 개발할 수 있게 도와주는 '기업가정신을 학교로 프로그램' 등이 기반이 됐다.

시행착오 줄이는 '복제 전략' 먹혀

또한 2007년 잠버 삼형제가 설립해 유럽 유니콘의 25%를 배출한 스타트업 인큐베이터 '로켓인터넷'도 영향을 크게 미쳤다. 아마존·우버 등 성공한 혁신기업 사업모델을 모방해 시행착오 비용과 실패 가능성을 줄여 신흥시장에 진출하는 '복제 전략'으로 유명하다. 스타벅스의 하워드 슐츠가 이탈리아 출장에서 에스프레소 카페를 본 후 영감을 얻어 창업한 것과 유사하다.

대표적인 '로켓인터넷' 스타트업으로 온라인 신발 유통기업으로 시작해 유럽 최대 온라인 패션유통기업으로 성장한 '잘란도'를 들 수 있다. 2011년 베를린에서 설립된 음식배달 서비스 기업으로 현재 40여 개국에서 운영 중이며, 최근 '배달의 민족'을 인수해 국내에서도 이름을 알린 '딜리버리 히어로'도 이곳의 투자를 받았다.

독일의 대표적인 스타트업으로 2011년 베를린에서 설립된 뒤 미국에서 두 번째로 큰 밀키트 기업으로 성장한 '헬로 프레시'가 있다. 이 기업은 현재 북미·유럽 7개국에 진출했으며, 레시피를 포함한 식료품 배달 분야 1위로 성장했다. 독일 최초 은행 라이선스를 획득한 모바일 은행으로, 스마트폰 앱을 이용한 '리얼타임 뱅킹서비스'를 제공하는 'N26', 유럽에서 가장 큰 중고차 플랫폼 'Auto 1' 등도 유명하다.

유럽의 실리콘밸리를 지향하며 2014년 구글의 투자를 받아 설립된 '팩토리 베를린'도 스타트업 붐 조성에 도움이 됐다. 기존 사업과 하이테크 산업의 협업을 위해 베를린 슈프레 강 주변에 세워졌다. '위워크(We Work)'처럼 국제적 확장을 위해 2017년 100만 유로의 자금을 유치한 바 있다. 저렴한 임대료, 대출 혜택과 세계적인 정보통신(IT), 자동차 창업기업 유치로 유럽의 젊은 인재들이 모여들면서 베를린을 유럽에서 가장 활기찬 도시로 만들었다. 이로 인해 4년 동안 1,300여 개의 스타트업이 생겼고, 2015년 투자금이 21억 5,000만유로로 유럽 1위인 런던(17억 유로)

을 넘어서기도 했다. 현재 이곳에 트위터, 우버 등의 기업이 입주했다.

베를린 동쪽에 있는 구(舊)동독지역으로 예술가 등 창의적인 인재들이 몰려들어 유명해진 '실리콘앨리' 캠퍼스도 영향을 미쳤다. 미테 지역에 조성돼 주변에 벤처캐피털(VC) 10여 개와 35개의 스타트업, 코워킹 스페이스를 보유했으며 입주기업으로 히어(Here), 스트라이프(Stripe), 오션(Ocean) 등이 있다.

매월 1회 베를린에서 영어로 진행되는 밋업 이벤트도 연다. 대표적인 스타트업 컨퍼런스는 유럽 지역의 스타트업 트렌드를 파악할 수 있는 테크 컨퍼런스(TOA)이다. 유럽 진출을 희망하는 첨단기술 보유 스타트업이 참여하는 행사로 2018년 2만여 명이 참관했다.

독일 스타트업의 특징은 대부분의 대기업이 신산업과 융합된 성장동력을 찾기 위해 스타트업 지원 액셀러레이터를 운영하고 있다는 점이다. 사물인터넷, 인공지능, 5G 통신 분야에서 독일 최대 업체인 도이치텔레콤을 비롯해 마이크로소프트와 노키아가, 디지털 바이오헬스 솔루션 분야에 제약회사 바이엘이 참여하고 있다.

스타트업 액셀러레이터 등이 큰 몫

독일 연방정부도 스타트업 육성에 지난 4년간 5억 유로를 지원했다. 스타트업 협회도 '스타트업 어젠다 2017'을 통해 스타트업 육성을 위한 창업교육, 창업자 지원 등 16개 항목의 어젠다를 발표하며 스타트업 생태계를 조성했다. 연방경제에너지부는 '디지털 허브 이니셔티브' 프로젝트를 통해 독일 전역의 16개 도시에 걸쳐 12개의 허브를 설치하고, 450개의 스타트업을 대기업(200개), 중소기업(80개), 연구기관(100

개)들과 네트워크화하고 있다.

　이 프로젝트로 대기업과 대·중소기업 연구기관들과의 협력을 강화하고 많은 시너지 효과가 창출될 것으로 예상된다. 특히 독일 연방 정부가 '디지털 어젠다 2020'을 통해 독일을 '유럽 최고의 디지털 성장 국가'로 만든다는 계획 덕분에 전년 대비 4배 이상의 성장률을 보였다. 2018년 가장 큰 투자를 받은 분야가 전자상거래인 만큼 핀테크, 사물인 터넷 분야 등의 스타트업이 활성화할 것으로 전망된다.

　독일 스타트업의 또 다른 특징은 평소 자신이 불편함을 느꼈던 문제점을 해소하는 것에서 창업 아이디어를 찾았다는 점이다. 전통 산 업을 최신 기술과 접목해 새로운 사업 아이템으로 탄생시켰다. 마린 페 른부스는 독일과 외국의 주요 도시를 연결하는 장거리 고속버스로 주로 스마트폰 애플리케이션(앱)을 기반으로 운영되는데, 막강한 시장 지배 력을 가진 국영기업 독점체제에 맞서 창업에 성공한 경우다.

　시장 점유율 40%를 차지하는 콜택시 앱 '마이 택시'도 기존 독일 택시시스템의 문제점을 보완해 창업에 성공한 경우다. 밤늦게 택시를 불러야 하는데 번호가 떠오르지 않아 큰 불편을 겪으면서 스마트폰 버 튼 하나만 누르면 택시 호출이 되게 만든 것이다. 결국 생활 속 불편함 을 해결하기 위한 노력이 창업의 출발이고 혁신의 시작이 된 것이다.

　독일의 스타트업이 활성화된 것은 정부의 정책적 지원과 함께 새 로운 성장 동력 발굴을 위한 대기업들의 스타트업 액셀러레이터 운영 같은 스타트업 생태계 조성, 외국인 친화적인 열린 글로벌 비즈니스 환 경, M&A 활성화로 엑시트가 용이한 점, 기존의 틀을 깨는 창의적 아이 디어에 상대적으로 관대한 점, 창업 활성화를 위한 정치권의 제도 정비 등이 고루 영향을 미친 결과다.

| 프랑스 | 유럽의 실리콘밸리인가?
'창업천국'으로
통하는 나라 |

청년 창업비율 57%, 국민 2명 중 1명이 창업에 관심을 가진 나라. 정권이 바뀌어도 스타트업 정책이 바뀌지 않는, 창업자 81%가 석·박사 학위 소유자로 실리콘밸리에 버금가는 우수한 연구 인력을 가진 나라. 연구·개발 활동 세계 6위로 매년 약 600억 유로(78조 원)를 투자하고, 인공지능(AI)·무인 자동차 등 딥테크 분야 투자 건수 유럽 1위인 나라. 유럽인이 창업 장소로 가장 선호하는 나라, 바로 프랑스다.

프랑스는 창업천국이다. 2018년 여론조사업체 입소스에 따르면 프랑스는 국민의 49%가 직원 10인 이하, 연매출 200만 유로(27억 원) 이하인 소위 '마이크로 기업'의 창업에 관심이 있다고 답했다. 그 중에서도 35세 미만 청년 창업비율이 57%에 이른다. 창업에 대한 인식이 긍정적인 나라임을 알 수 있다.

정권 바뀌어도 창업 육성은 쭉

프랑스가 창업천국이 될 수 있었던 것은 정부의 친기업적인 지원정책과 집권세력의 정치성향과 관계없이 10년 넘게 꾸준히 이어온 스타트업 육성정책의 영향이 컸다. 2008년 금융위기의 여파로 경제가 어려움에 직면하면서 실업률이 높아지자, 우파 정권이었던 사르코지 전 대통령은 "매출이 없으면 사회보장분담금을 내지 않아도 된다."며 실직자, 학생, 퇴직자들에게 규제를 완화하며 창업을 유도했다.

이어 집권한 좌파정권 올랑드 대통령은 잠재력 있는 정보통신(IT) 및 하이테크 분야의 스타트업 지원정책인 '라 프렌치 테크' 제도를 선보였다. 또한 이전 정권에서 추진했던 매출액이 일정 금액을 넘어가지 않는 기업들에 각종 세금 혜택과 행정절차를 간소하게 해주는 '마이크로 기업제도'를 확대해 누구나 쉽게 창업할 수 있는 생태계를 조성했다.

에마뉘엘 마크롱 대통령도 프랑스를 누구나 창업할 수 있는 스타트업 국가로 만들기 위해 '유니콘 나라'를 목표로 스타트업에 110억 달러(12조 7,000억 원)를 지원하며 창업육성 정책을 이어갔다. 프랑스 파리 13구 센 강변에 1920년대 철도기지 건물을 개조해 세계 최대 규모의 스타트업 캠퍼스인 '스테이션F'를 설립했다. 여기에는 글로벌 기업 등 1,000여 개의 스타트업이 입주해 인큐베이팅하고 있다.

미국 실리콘밸리를 벤치마킹해 파리 남동쪽 샤클레에 조성한 창업 클러스터 '클러스터 파리·샤클레', 외국인 스타트업 유치 프로그램인 '라 프렌치' 등 국제적인 스타트업 생태계 조성에도 관심을 기울였다. 특히 실업자가 창업하면 수익이 날 때까지 실업수당을 받을 수 있도록 해 프랑스 전역에 약 100만 개가 넘는 '마이크로 기업'이 생겼다.

2017년에는 노동법을 개정해 기업들이 해고와 감원을 보다 자율적으로 할 수 있도록 했다. 스타트업이나 신규 창업자들이 부담 없이 인력을 뽑을 수 있는 환경을 조성한 것이다. 2018년에는 매년 세계 각국의 거대 글로벌 기업 대표를 초빙하는 외국인 투자유치 행사 '프랑스를 선택하라(Choose France)'를 만들어 2019년에 총 40억 유로(5조

5,000억 원) 상당의 투자 상담 성과를 이루기도 했다.

컴퓨터 천재 양성을 위해 만들어진 '에콜 42'도 스타트업 성장에 도움이 됐다. 프랑스의 세계적인 카풀기업 블라블라카, 디지털 사진기업 포토리아 등 매달 1개의 스타트업이 이곳에서 배출되고 있다. 스타트업 창업을 희망하는 외국인에게 비자 발급절차를 간소화하고 4년의 체류기간을 보장하는 '프렌치 테크 비자'도 긍정적인 영향을 미쳤다. 또 공식 지정한 100개 해외의 유망 스타트업에 자금을 지원하고 세금 감면 및 행정절차 간소화 등의 혜택을 제공해 프랑스에 안정적으로 정착할 수 있도록 도와주는 '프렌치 테크 티켓' 프로그램도 스타트업 생태계에 힘을 보탰다.

2016년 파리에서 처음 개최된 세계적인 IT 및 스타트업 국제 전시회인 '비바테크놀로지'도 주목할 만하다. 2019년 5월 행사에 마크롱 대통령을 비롯해 12만 명이 둘러봤고, 스타트업 1만 3,000개, 투자자도 3,000명이 참여해 성황을 이뤘다. 비바테크놀로지는 단기간에 유럽 최대의 스타트업 행사로 발돋움했다.

창업 지원 결과는 실업률 하락

무엇보다 프랑스 스타트업 성장에는 다양한 지원제도의 영향이 컸다. 초기 혁신 스타트업 최대 4만 5,000유로(6,200만 원) 지원, 연구개발(R&D) 분야 투자 스타트업에 대한 세금지원, 12개월 동안 인큐베이팅 공간 및 멘토링 지원 등이 있다. 용이한 자금조달 환경도 성장의 발판이다. 2016년부터 2020년까지 5년 동안 프랑스에서 스타트업에 투자한 금액은 총 190억 달러(약 20조 9,000억 원)로 유럽에서 영국과 독일 다음으로 많았다.

2020년에는 영국과 독일이 스타트업 투자에 주춤한 사이 프랑스만 유일하게 투자가 증가하고 있다. 스타트업 엑시트도 2017년 45건으로 유럽 내 엑시트 규모로는 9% 수준이다. 특히 헬스케어, 영상분석, 전자상거래 분야 등이 해외기업에 인수되고 있다. 기술적 잠재력, 풍부한 인재풀을 보유한 프랑스 스타트업 환경이 점차 높이 평가받으면서 해외 스타트업의 진출이 증가하고 있다.

프랑스의 대표적인 유니콘 기업이자 세계 최대 카풀 서비스 '블라블라카'는 5명으로 시작해 2018년 임직원 수 5,000명으로 고용창출과 국가경제 활성화에 기여하고 있다. 온라인 광고기업 '크리테오', 유명 브랜드 재고정리 온라인 쇼핑몰 '방트 프리베'와 클라우드 서비스 회사 OVH, 의료서비스 예약 스타트업 '독토립(Doctolib)', 전문 사진작가들을 위한 마켓플레이스 '미로(Meero)', 럭셔리 패션 리세일 플랫폼 '베스티에르 콜렉티브(Vestiaire Collective)'도 프랑스 스타트업이다. 2016년 창립해 현재 16만 명의 고객과 연간 1억 유로의 매출을 올리고 있는 건강보험서비스 판매 온라인 플랫폼 알란(Alan)도 빼놓을 수 없다.

프랑스 스타트업 성장의 원동력은 정권과 관계없이 이어져 오는 육성 및 친기업적인 규제완화 정책이라고 할 수 있다. 덕분에 2019년 창업기업 수는 81만 개를 넘었고, 실업률도 지속적으로 하락하고 있다. 다양한 혁신성장 정책과 벤처·스타트업 육성책이 마크롱 정부에서 결실을 거두면서 누구나 창업하고 싶은 나라를 만들어가고 있다.

금융·기술·규제
3박자 갖춘 창업 강국

싱가포르

세계경제포럼 선정 세계 경쟁력 순위 1위, 글로벌 스타트업 분석기관 '스타트업 게놈' 선정 스타트업 생태계 순위 동남아 1위. 금융·기술·규제 3박자를 고루 갖춘 글로벌 핀테크 생태계로 주목받는 나라. 아시아 최초로 샌드박스 규제를 도입한 나라. 무역과 물류의 중심지로 런던, 뉴욕, 홍콩과 함께 세계 4대 금융시장으로 성장한, 아시아 태평양 진입을 위한 전략적 요충지 싱가포르 이야기다.

인구 580만 명의 작은 내수시장과 빈약한 자원에도 불구하고 동남아 1위, 세계 14위 스타트업 국가로 성장한 비결은 뭘까? 싱가포르는 2014년 정부가 국민에게 더 나은 삶과 생산성 향상, 새로운 일자리를 창출할 수 있는 혁신적인 기술력을 가진 '스마트 스테이션'을 국가 비전으로 발표하면서 본격적인 스타트업 추진정책을 시작했다.

샌드박스 규제제도 시행

싱가포르는 원래 금융과 MICE(기업회의·컨벤션·전시회) 산업이 떠받드는 경제 구조다. 이 두 산업에 스타트업이 가세하게 된 것이다. 금융

044   세계는 창업 중

선진국답게 초기에는 스타트업 자금 지원을 위한 벤처캐피털(VC) 육성에 역점을 뒀다. 이스라엘과 실리콘밸리 벤처자금을 유치하기 위해 VC의 투자금과 동일한 금액을 정부가 지원하는 1:1 매칭 펀드를 도입했다. 또한 스타트업 시설에 창업가와 벤처투자자를 한 건물에 모아 네트워킹으로 아이디어를 얻거나 투자유치가 가능하도록 조성하고, 해외 유수기업과 인력을 적극적으로 유치해 전 세계 자본과 기술이 싱가포르에 유입될 수 있도록 한 것도 한몫 했다.

정부의 일관된 규제정책도 스타트업 생태계 선순환에 도움이 됐다. 한 번 정한 정책은 꾸준히 유지했다. 드론 관련 정책이 대표적이다. 현행 규제를 적용할 수 없는 모델을 일정 조건 하에 허용하는 샌드박스 제도를 시행할 때도 다양한 이해관계자의 의견을 수렴하고 난 뒤 추진한다. 무인 자율주행차를 법적으로 허용하는 것도, 핀테크 강국이 될 수 있었던 것도 규제 완화 덕분이다.

1970년대에 세워진 낙후된 공단인 에이어 라자 지역을 2011년 스타트업 허브로 변신시킨 것도 스타트업 활성화에 기여했다. 빌딩 이름을 따서 '블록71'로 불리는 이곳은 스타트업 250여 개, 액셀러레이터 30여 곳이 활동하는 스타트업 집결지로 하나의 생태계를 이루고 있다. 인근에 싱가포르 국립대와 경영대 인시아드 등이 있어 이곳의 인재들이 창업의 길로 뛰어드는 계기가 됐다.

후발주자임에도 불구하고 글로벌 핀테크 허브로 주목받을 수 있었던 배경에는 정부의 적극적인 지원과 함께 아시아 최초로 '샌드박스' 규제를 도입한 사례처럼 규제에 대한 유연한 정책이 있었다. 풍부한 자본과 시장, 유능한 인재와 더불어 세계적인 대형 금융기관을 유치하는 등 핀테크 시장을 넓혀온 것도 큰 역할을 했다.

글로벌 핀테크 생태계 구축

핀테크 분야에서 미국은 금융은 뉴욕, 기술은 실리콘밸리, 규제는 워싱턴에 위치해 생태계 시너지 효과가 부족하다. 중국은 핀테크 투자액은 아시아 최고지만 기업·소비자 간 거래(B2C)와 내수 위주 비즈니스가 발달해 글로벌 확장성이 낮다. 반면 싱가포르는 금융, 기술, 규제가 한곳에 모여 있어 글로벌 확장성이 뛰어나다. 이런 연유로 뉴욕, 런던, 홍콩과 함께 4대 금융시장으로 성장했고, 200개의 은행과 1200개의 금융기관을 보유한 기업 간(B2B) 비즈니스 모델에 유리한 환경을 갖추게 된 것이다.

정부 차원의 다양한 정책도 도움이 됐다. 창업 자금 지원을 돕기 위한 '초기단계 벤처펀드(Early Stage Venture Fund)' 설립과 2015년부터 2020년까지 민간업체들이 정부의 투자 규모 이상으로 시장에 참여하도록 유도하기 위해 스타트업 지원 활동에 190억 싱가포르달러(약 15조 8000억 원)를 투자했다.

또한 기반이 없는 창업 기업을 돕기 위해 스타트업 SG를 설립해 원스톱 솔루션을 제공하고 있고, 세금 면제제도를 통해 신규 기업의 설립을 장려하고 있다. 정부 차원의 보조금도 지급한다. 특히 로봇 스타트업은 최대 400만 싱가포르달러(약 32억 원)를 지원한다. 투자 유치도 활발한데 스타트업 투자금은 약 60억 달러로 기술 분야는 동남아의 25% 수준이다. 투자 건수는 2012~2017년 사이 667건으로 아세안 투자 유치비율의 49.7%, 즉 절반 가까이 차지했다. 미국 실리콘밸리에 뒤지지 않는 수준이다.

대표적인 유니콘 기업으로 동남아 최대 차량 공유기업인 그랩을 비롯해 동남아 전자상거래 업체 라자다, 미국 나스닥에 상장한 SEA, 여행 액티비티 플랫폼 클룩 등이 있다. 현재 활동하는 스타트업이 4만여 개에 이른다. 동남아시아 최대 공유오피스 스타트업 '저스트코'는 2011년 설립 이후 6년 만에 기업가치 2억 달러를 돌파했다. 현재 태국, 인도네시아, 말레이시아 등 7개국에서 40개 지점을 운영하고 있다.

특이한 점은 창업목적이 이익 창출인지 아니면 사회 기여인지에 따라 지원 방식이 다르다는 점이다. 물론 스타트업 사업에 문제가 생기면 정부가 나선다. 예를 들어 전기 스쿠터 사고가 늘어나자 정부가 전기 스쿠터에 대해 보도 주행을 금지한 것이 대표적인 예다.

또한 2016년 금융 분야에서 최초로 시작한 샌드박스가 교통, 에너지, 의료, 환경 분야까지 영역을 넓혔고 2018년에는 더욱 신속히 처리하는 샌드박스 익스프레스 제도도 도입했다. 금융 분야에서 기술이 혁신적이고 사업 모델이 건전한 기업의 경우 신청 21일 만에 사업을 허가해준다. 싱가포르의 스타트업 성장에는 정부의 강력한 지원과 친기업적인 유연한 규제, 무인 자율주행차를 법적으로 허용하는 규제 완화, 일관된 규제정책에 생태계 선순환, 샌드박스 도입의 영향이 컸다. 싱가포르를 주목해야 하는 이유다.

'혁신기술' 앞장선 스타트업

'경제 자유도' 평가 24년간 세계 1위, 2020년 세계 디지털 경쟁력 평가 디지털기술 분야 세계 2위, 스마트폰 사용자 전 국민의 80% 이상, 6시간 이내에 세계 어느 나라도 갈 수 있는 접근성, 외국인 창업자가 30% 이상인 다양한 인재풀을 가진 나라. 중국시장 진출을 위한 교두보, 홍콩의 이야기다.

홍콩의 스타트업 성장비결은 뭘까?

1997년 홍콩이 영국 식민지에서 독립해 중국에 반환되자 다국적 기업들은 거대한 중국시장 진출을 위한 교두보는 물론 동남아 시장을 위한 전진기지 차원에서 홍콩에 진출했다. 이는 중계무역을 중심으로 홍콩의 물류, 금융, 관광 산업이 발전하는 계기가 됐다.

하지만 2010년 이후 홍콩경제는 추락하기 시작했다. 물류산업 등 기존 성장산업이 한계에 부딪히면서 2012년 이후 경제성장률이 5년 연속 하락했다. 위기감에 홍콩 정부는 경제구조 개선을 위해 스타트업에 집중했다. 홍콩의 스타트업은 정부가 대규모 자금을 들여 사이버포트와 홍콩사이언스파크 등 홍콩의 실리콘밸리를 조성하면서 시작됐다. 각종 세제 혜택도 창업 붐을 일으키는 데 영향을 미쳤다.

'홍콩의 실리콘밸리' 조성한 정부

사이버포트는 홍콩 산업을 금융에서 정보통신기술(ICT) 중심으로 변화시키는 역할을 했다. 2005년 개관 초에는 경쟁력이 높은 금융 인프라를 활용한 핀테크 스타트업이 중심이었지만 지금은 인공지능과 빅데이터 등 다양한 스타트업을 육성하고 있다. 이곳에는 마이크로소프트와 아마존웹서비스 등 1,200여 개의 다국적 대기업의 아시아·태평양 총괄 법인과 벤처캐피털 등 400여 개의 스타트업이 입주해 있다.

사이언스파크는 과학기술산업단지이자 홍콩의 실리콘밸리다. 정부 주도로 설립된 혁신 과학단지로 녹색 에너지, 바이오와 IT를 비롯한 다양한 분야의 기술혁신을 주도하고 있다. 현재 20여 개 국가의 670여 개 기업이 입주해 활동 중이다. 과학 인재육성을 위한 기금이 2016년에만 3억 달러에 달한다.

다양한 스타트업 지원도 활성화에 도움이 됐다. 최대 50만 달러를 지원하는 사이버포트 창업지원 프로그램은 스타트업 초기 입문 단계에서 금전적인 기회뿐만 아니라 다양한 사업기회를 만들 수 있도록 지원한다. 대형기사와 봉고차를 연결해주는 고고밴, 전기 차 충전시설을 개발한 원차지(oneCHARGE)가 이 프로그램으로 성공한 경우다.

홍콩과기원과 사이언스파크가 혁신기술 스타트업의 안정적인 성장을 도모하기 위해 작업실이나 실험실을 임대해준 것도 영향을 미쳤다. 2019년 각각 70억 홍콩달러와 2억 홍콩달러를 직접 지원했다. 최근 코로나19로 인한 경영 악화에 대응해 12개월간 임대료 감면을 시행한 것도 성장의 도움이 됐다.

또한 홍콩 혁신기술의 장기적 발전을 위해 2014년부터 대학교 혁신기술에 투자해 2019년 홍콩달러로 4억 8,000만 달러를 지출했고,

대학생 연구개발 성과의 상품화를 위한 지원도 아끼지 않았다. 특히 홍콩 6개 대학 졸업생이 세운 설립 2년 미만 스타트업에 3년 연속 최대 120만 홍콩달러까지 지원하는 기금은 청년창업에 도움이 되고 있다.

높은 디지털 경쟁력과 경제 자유도

어린이 창업도 활성화에 도움이 됐다. 열두 살 소녀 힐러리 입은 온라인 상에서 언어를 가르쳐주는 앱을, 또 다른 여중생 매들라인 렁신디 영은 구조대를 부르는 'ASAP 헬스'라는 앱을 만들어 창업했다. 홍콩 스타트업은 주요 분야인 혁신기술과 금융에서 몇 년 사이 큰 폭으로 성장했다. 홍콩투자진흥청에 따르면 2019년 홍콩 내 활동 중인 스타트업은 3,184개로 2017년 대비 42.8% 성장했다.

특히 2008년 이후 전통적인 방식에서 탈피해 4차 산업 관련 신기술을 도입하면서 유니콘이 성장하는 계기가 됐다. 변화하는 산업동향을 포착해 소비자들의 불편을 개선하는 새로운 비즈니스 모델 개발도 원동력이 됐다. 인터넷을 통해 쉽게 대출할 수 있고, 인공지능 및 빅데이터를 활용해 대출 사기 또는 위험을 컨트롤할 수 있는 플랫폼 위랩(WeLab) 스마트폰 앱을 통해 자신의 물품을 쉽게 추적할 수 있는 물류배송 스타트업 라라무브(Lalamove)가 대표적이다.

스마트폰 이용자가 홍콩 인구의 80% 이상으로 전 세계에서 스마트폰 보급률이 가장 높다는 점도 앱을 활용한 창업 붐의 기반이 됐다. 음식배달 앱 '푸드 판다', 헤어 디자이너가 직접 집과 사무실을 방문해 머리와 화장을 도와주는 '위컷(We Cut)' 등이 대표적이다.

화물차와 차주를 연결해주는 아시아 글로벌 물류 플랫폼 '고고밴'은 홍콩 최초 유니콘 기업으로 알리바바가 주주로 참여한다. 호텔 룸에 스마트폰을 무료로 대여해주는 모바일 렌털 서비스 '팅크랩'은 알리바바와 미국 실리콘밸리 500스타트업스(500 Startups) 액셀러레이터로부터 투자에 성공했다. 10개국 12만 개 상점과 8억 명의 고객을 확보한 홍콩의 가장 인기 있는 전자상거래 플랫폼 '샵라인'도 있다.

　　홍콩은 전 세계에서 가장 높은 임대료로 창업비용이 가중되고 있다. 세계은행에 따르면 2017년 홍콩 인구 100만 명 중 혁신기술 인재가 3,000명에 불과하다. 하지만 홍콩은 주목받는 스타트업 창업 국가로 성장했다. 외국기업에 차별이 없고, 법인세율이 세계 최저이며, 창업자의 30% 이상이 외국인으로 다양한 인재풀을 가진 점, 홍콩과 중국 광둥성 지역이 고속철도로 1시간 거리이고, 전 세계를 6시간 이내에 갈 수 있는 지리적 이점과 100년 간 영국 식민지로 있었기에 영어 사용이 자유로워 북미와 유럽권의 문화를 흡수하는 데도 뛰어나다는 점이 홍콩의 성공 요인이다.

'유니콘 세계 2위' 중국의 비결은?

숏폼 동영상 네트워크 플랫폼 틱톡의 바이트댄스를 비롯해 바이두, 알리바바, 텐센트 등 기업가치 10억 달러(1조 원) 이상인 유니콘 기업이 155개로 세계 2위인 나라(CB인사이트 2021). 15억 인구의 풍부한 내수시장을 바탕으로 신설기업 451만 개, 하루 평균 1만 6,500개(2017년 1~9월)로 세계 전체 신규 취업의 25%를 차지하는 나라. 세계 전자상거래의 39.2%(2016) 수준으로 인터넷쇼핑 구매자가 4억 7,000만 명에 달하는 중국 이야기다.

중국은 어떻게 세계 2위의 유니콘 국가가 됐을까?

중국의 스타트업은 2015년 3월 전국인민대표회의에서 리커창 총리가 대중 창업을 장려하는 '대중창업, 만인혁신'을 언급하면서 시작됐다. 중국경제가 생산가능 인구의 감소, 일부 업종 과잉설비, 보호무역주의 확산으로 한계에 봉착하자, 스타트업은 일자리 창출과 경제 활성화, 일반 대중의 창업 활성화의 계기가 됐다.

창업을 지원하는 중국 형 인큐베이터이자 액셀러레이터인 '중창공간'도 창업 활성화에 큰 영향을 미쳤다. 중창공간은 스타트업 지원서비스 플랫폼으로 스타트업 초기 단계부터 회수(Exit) 단계까지 전 과정을 지원하고 있어 창업 생태계의 형성에 큰 도움이 되고 있다.

　　텐센트, 알리바바, 바이두 같은 세계적인 기업의 성공 모델은 청년 창업 활성화의 기반이다. 글로벌 민간기업인 BAT(바이두·알리바바·텐센트)가 스타트업 육성을 위해 전국에 이노베이션 센터를 건립하고 입주 공간을 제공한다. 자금조달 창구역할도 맡아 벤처캐피털을 통한 투자액의 42%를 투자한 것도 '창업생태계 선순환'에 영향을 끼쳤다.

창업 액셀러레이터 '중창공간'의 활약

최근 들어 전자상거래의 빠른 증가와 정부의 적극적인 지원도 창업 활성화에 큰 힘이 되고 있다. 창업에 필요한 각종 서류를 사업자등록증 하나로 통일한 '다중합일' 제도, 창업자금 지원을 위해 조성한 400억 위안 규모의 '국가신흥산업 창업투자 인도 기금', 기술기반 스타트업 장외거래시장인 '신삼판'의 전국 확대도 도움이 됐다.

　　또한 벤처투자자의 투자자금 회수(엑시트) 기간도 미국(7년)보다 짧은 4년이고, 알리바바의 마윈 같은 창업에 성공한 롤 모델도 창업의 사회적 인식을 긍정적으로 변화시켰다. 인터넷 및 모바일 결제의 급증으로 전자상거래가 활발해진 것도 알리바바와 같은 전자상거래 창업에 불을 지폈다.

　　이러한 정부의 적극적인 창업지원 덕분에 벤처캐피털 투자금액이 408억 달러(약 48조 5,000억 원)로 미국의 80% 수준이다. 중국은 세계지식재산권기구(WIPO)가 매년 발표하는 글로벌 혁신지수(GII) 랭킹에서 2018년 전년보다 5단계 오르며 17위에 올랐다. 신흥국으로 분류되지만 자금조달과 시장접근, 인재확보 등 창업환경에서 높은 점수를 받아 처음으로 20위권 내로 진입했다.

베이징과 상하이는 글로벌 창업생태계 분석기관인 미국의 '스타트업 지놈'이 발표하는 '글로벌 스타트업 생태계 평가'에서 2017년 각각 4위와 8위에 오르며 기염을 토했다.

스타트업에서 기업가치 10억 달러(1조 원) 이상인 비상장 유니콘 기업으로 성장한 대표적인 기업으로 바이트댄스가 있다. 틱톡을 발판으로 인공지능(AI), 콘텐츠 전문기업으로 성장하면서 기업가치만 약 160조 원에 이르는 거대기업이 됐다. 핀테크 및 결제 소프트웨어 회사인 스트라이프, 물류창고 자동화 솔루션 공급업체 하이로보틱스 등도 있다.

중국 스타트업 성장의 이면에는 해소해야 할 약점도 존재한다. 신설기업의 69.7%가 IT서비스, 공유경제 등 고객서비스 산업에 치우치면서 고부가가치 산업인 통신, 금융, 전문서비스 분야의 창업은 8.2%에 불과하다. 과도한 경쟁으로 유행에 따른 유사분야의 창업이 급증해 부실 가능성이 높아지면서 안정성에 기반을 둔 성장·성숙기 기업에 85.2% 금액이 몰리는 등 투자 양극화가 일어난 점은 부담이다.

투자의 양극화 등 그늘도 존재

미국의 구글과 아마존, 페이스북 같은 IT 선도기업의 미국 벤처투자 비중이 5%인 반면 중국의 BAT는 스타트업에 42%를 투자하는 등 생태계 발전에 크게 기여했지만, 풍부한 자금력으로 과도한 영향력을 행사하고 있어 개선이 필요하다는 평가도 나온다.

중국경제의 급성장과 소득증가는 베이징, 상하이, 선전 등의 부동산 가격 급등과 큰 폭의 임금상승을 불러왔다. 이는 창업비용 증가로 이어졌다. 이와 같은 이유로 청년 창업자들이 비용이 적은 '고향에서의 창업'을 선택하면서 대도시와 달리 적절한 투자 및 정부지원 혜택을 받지 못할 것으로 예상된다.

　　　중국이 세계 스타트업의 중심국가로 성장한 배경에는 정부의 '다중합일' 같은 규제 축소와 벤처기업 자금조달을 지원하기 위한 '신삼판'의 전국 확대 등이 주효했다. BAT 같은 민간기업의 적극적인 투자, 창업으로 성공한 롤 모델이 창업의 사회인식을 좋게 만든 영향도 컸다. 무엇보다 정부의 다양한 창업 지원정책은 앞으로도 창업 활성화에 큰 힘이 될 것으로 보인다.

인도

청년의 나라,
스타트업 강국으로 우뚝

구글, MS, IBM 등 거대 빅테크 기업의 최고경영자(CEO)를 배출했고, 스타트업 수는 2만 4,000개로 세계 3위인 나라. 2020년 기준 유니콘 기업(기업가치 10억 달러 이상인 비상장 스타트업) 12개로 미국, 중국, 영국에 이어 세계 4위인 나라. 인도 이야기다.

　　인도는 18~35세 젊은 층 인구가 60%로 전자상거래와 마케팅 산업 창업이 발달했다. 인구 13억 5,000만 명의 인도 수요(demand)에 평균연령 29세인 젊은 인구구조(demography), 자유를 보장하는 민주주의(democracy) 등 '3D'를 강점으로 꼽는다.

취업보다 창업 선호하는 인도 청년

인도 인구 중 60%가 30대 이하의 젊은 층이다. 하지만 전 인구의 70%가 농촌지역에 거주하고 독립 이후 70년 간 대표적인 저성장 국가에 머물렀다. 산업기반 시설이 부족했던 인도는 경제규모를 키우고 일자리 창출을 위한 원동력으로 스타트업 육성에 집중했다.

　　2014년 나렌드라 모디 총리가 독립 69주년 기념행사에서 '스타트업 인디아'를 언급하면서 창업 붐을 시작했다. 스타트업을 집중 육성해 경제발전의 핵심 원동력으로 삼겠다는 구상이었다. 모디 총리는 스타트업 활성화를 위해 규제를 완화 또는 간소화하고, 연구개발(R&D) 환경과 세제를 정비했다. 3년간 법인세 면제, 특허등록세 80% 감면 같은 투자 및 인센티브 지원, 산학연 강화 및 창업 · 보육 정책을 전폭적으로 폈다.

지방정부 간 스타트업 지원 경쟁체제를 도입한 게 효과가 컸다. 인도 산업정책 진흥국이 2018년부터 주별 스타트업 순위를 매겨 주마다 더 나은 스타트업 생태계 조성을 유도했다. 36개주 중에서 30개주가 참여해 스타트업 분위기를 전국으로 확산시켰다. 2015년을 '스타트업 생태계 성장의 해'로 정했는데 스타트업 활성화에 도움이 됐다.

모디는 인도 청년들에게 기업가 정신을 불러일으키기 위해 '스타트업 인디아'를 적극적으로 활용했다. 2006년 중소기업 육성법을 제정하고, '국가 제조업 경쟁력 향상 프로그램'을 마련해 중소 제조기업 지원 강화에 나섰다. 이와 같은 스타트업 육성 정책은 젊은 층의 창업 열기를 불러일으켜 경제 활성화의 계기가 됐다. 그 결과 2015년 기준 기술기반 스타트업이 4,300개(43%), 비기술기반이 5,700개(57%)로 기술기반 스타트업들이 빠른 성장세를 나타냈다.

유니콘 기업 육성에 집중

인도는 델리, 뭄바이, 벵갈루루를 중심으로 스타트업 생태계가 성장하고 있다. 3대 도시는 글로벌 기업 본사, IT공과대학 등 명문대학이 집중돼 있고, 교통과 인터넷 등 관련 인프라가 잘 갖춰져 있기 때문이다. 특히 인도의 실리콘밸리로 불리는 벵갈루루는 IT와 공학 분야의 풍부한 인적자원과 스타트업 인프라를 잘 갖추고 있어 전체 스타트업의 숫자면에서 다른 도시에 비해 우위를 점하고 있다.

일례로 2010~2019년까지 9년간 탄생한 스타트업은 벵갈루루가 4,373개로 델리 3,495개, 뭄바이 2,707개보다 많다. 델리는 정부기관 및 주요 인프라의 접근성이 높고 인도델리공과대학, 델리대학 등 우수한 지식 인프라를 갖춘 게 장점이다. 인도의 경제수도로 불리는 뭄바이는 상업과 금융업을 중심으로 성장하고 있다.

이처럼 인도 스타트업 생태계는 도시별 환경에 따라 다르게 성장하고 있으며, 창업가, 투자기관, 인적자본, 정부 정책 등 다양한 요소가 뒤섞여 발전하고 있다. 대표적인 스타트업으로는 '인도의 아마존'이라 불리는 전자상거래 기업 '플립카트', 모바일 간편 결제 서비스기업 '페이티엠', 차량공유기업 '올라' 등이 있다.

인공지능 기반 맞춤형 콘텐츠를 제공하는 애플리케이션 개발 운영기업 '글랜스(Glance)', 중고자동차 전문 자동차 플랫폼 '카24(Car24)', 온라인 교육 플랫폼 '언아카데미(Unacademy)', 유·아동 제품 전자상거래 플랫폼 '퍼스트크라이(FirstCry)' 등도 있다.

인도는 유니콘 기업수가 2020년 12개에서 2021년 38개로 증가했다. 인도는 이 숫자를 2025년까지 95개로 높인다는 목표 아래 집중 육성책을 펴고 있다. 인도는 스타트업 선진국과 비교했을 때 스타트업 규모는 크지만, R&D 투자비율은 낮다. 일부 주요 도시는 시장 규모가 작고 해외 진출 지원이 부족하다는 등의 몇 가지 문제점도 가지고 있다. 그러나 인도는 클라우드, 사물인터넷, 빅데이터 등 IT 기술 관련 분야에서 경쟁력이 높다. 미국 실리콘밸리보다 4배나 싼 인건비와 우수 엔지니어들이 풍부한 인적자원도 장점이다.

단점보다 장점이 더 큰 힘을 냈다. 인도경제는 현재 스타트업 활성화 덕분에 주요 국가 중 가장 빠른 성장세를 보이고 있다. 2022년 국제통화기금은 인도 경제성장률 전망치를 9.5%로 예상했다. 중국의 8.1%보다 높다. 글로벌 투자은행들도 인도가 2030년 이후 미국과 중국에 이어 세계 3위 경제대국으로 성장할 것으로 전망했다. 구매력 평가 기준으로는 이미 세계 3위라는 분석도 있다.

　　글로벌 기업이 선호하는 유망 투자국이자 지리적 요충지이며, 세계의 공장이던 중국을 대체할 수 있는 나라. 세계가 지금 인구 13억 5,000만 명의 인도를 주목하는 이유다.

캐나다는 어떻게 'AI 성지'가 됐나?

2019년 미국 시장조사기관 스타트업 게놈(Startup Genome)이 선정한 스타트업 생태계 순위 세계 3위의 나라. 유니콘 기업의 수 세계 8위(18개 · CB인사이트 2022년 2월 기준)이자 성인 인구 중 스타트업 활동 비율이 18.7%로 세계 1위인 나라(Statista 2019). 친환경적인 자원국가에서 첨단기술 국가로의 도약을 준비하는 캐나다 이야기다.

캐나다는 일찍부터 인공지능 분야 연구에서 두각을 나타냈다. 인공지능 전문가 시스템(인간 전문가의 의사 결정 능력을 모방한 컴퓨터 시스템)을 응용해 1970년대부터 AI 자동번역 시스템을 개발한 나라도 캐나다였다. 학계 전문가들이 다양한 연구 그룹을 형성했고, 민간 기업의 자금 지원으로 AI 연구 네트워크를 확장했다.

이와 같은 AI 연구기반 덕분에 2006년 토론토대학의 제프리 힌튼 교수가 세계 최초로 딥러닝 방법론을 발표할 수 있었다. 이는 전 세계에 AI 붐을 일으키는 계기가 됐다. 캐나다의 AI 분야 스타트업도 학계의 인공지능 원천기술을 토대로 성장했다. 캐나다는 2017년 세계 최초로 국가 인공지능 발전전략을 발표하기도 했다.

지방까지 촘촘히 엮은 혁신 생태계

지역단위 혁신 생태계를 범국가적으로 확대한 것도 도움이 됐다. 캐나다 정부는 중소도시들을 글로벌 스타트업 허브로 육성했다. 토론토와 몬트리올, 에드먼턴, 밴쿠버가 'AI 4대 성지'로 성장했다. 특히 에드먼턴에는 구글의 딥마인드 연구소, 토론토와 몬트리올에는 페이스북과 구글, 삼성 등 대기업 연구소들이 진출해 '신경망 기반' 딥러닝 기술을 연구하고 있다.

기업 주도의 커뮤니티 네트워크 확대가 긍정적 영향을 줬다. 캐나다에서 가장 활동적인 스타트업 생태계를 형성하고 있다고 평가받는 곳은 온타리오 주의 토론토·워털루 일대다. 1950년 워털루·키치너 지역의 기업인들이 주도해 형성한 커뮤니티가 모태였다. 천연자원이 풍부하지만, 그것만으로는 지속적인 경제발전에 한계가 있다는 점을 인식하고 더 나은 교육 인프라를 만들기 위해 워털루대학과 지역 기업들이 산학협력 체계를 마련했다. 기업이 주도해 설립한 다양한 커뮤니티는 캐나다 스타트업 생태계 발전에 중추적인 역할을 하고 있다. 특히 2000년 토론토에 설립한 마스(MaRS)는 캐나다 최대의 스타트업 커뮤니티로 1,200개의 스타트업을 배출하고 1만 3,000개의 일자리를 창출한 북미 최대 인큐베이터 중 하나다.

대학들도 일찍부터 창업 및 기술인재 등 혁신 인재를 육성하기 위해 다양한 외부기업과 연계한 맞춤형 인재교육 프로그램을 운영하고 있다. '캐나다의 MIT'라고 부르는 워털루대학교가 대표적이다. 1950년대에 세계 최초로 기업 수요에 맞춰 인력을 양성하는 '주문 형 산학연계' 프로그램을 시작해 현재 세계에서 가장 큰 산학협력 프로그램을 보유하고 있다.

산학연 연구개발(R&D) 네트워크의 개방성도 장점이다. 대학교와 연구소 간의 파트너십을 기반으로 한 연구기관들이 세계적인 수준으로 성장했다. AI 3대 연구기관인 토론토대학 벡터연구소, 몬트리올대학 및 맥길대학의 파트너십으로 설립한 알고리즘 러닝연구소(MILA), 앨버타대학에서 설립한 머신지능연구소(AMI)가 대표적인 예다.

쾌적한 도시 생활환경도 영향을 주고 있다. 캐나다 도시들은 실리콘밸리 등 미국 도시의 고소득 지역에 비해 인구밀도가 낮다. 캐나다에는 200개 민족, 600만 이상의 이민자들이 거주한다. 친환경적인 도시 생활환경과 다문화주의가 우수 인재와 기업들에 매력적인 요인이 되고 있다. 매년 10만 명 이상의 새로운 이민자들이 유입돼 전 인구의 20%가 이민자인 다민족 문화를 보인다. 이는 '스타트업 비자 프로그램' 등 다양한 비자제도와 함께 지난 10년간 400여개 외국기업을 유치하는 선순환 스타트업 생태계를 만들고 있다.

테크 분야 스타트업 활발한 활동

정부의 적극적인 지원도 성장을 돕고 있다. 연방정부는 2013년부터 2019년까지 '캐나다 액셀러레이터 및 인큐베이터 프로그램(CAIP)'을 통해 범국가적 스타트업 육성 프로그램을 구축했다. 2020년 4월에는 중소 스타트업 연구개발 지원을 위한 IRAP 프로그램에 2억 5,000만 달러 규모의 지원을 발표하며 생태계를 한 단계 더 발전시키고 있다.

캐나다는 매년 인공지능과 첨단기술 분야의 다양한 행사들을 개최한다. 미국과 지리적으로 가까워 미국 투자자들이 많이 참여한다. 대표적인 행사로 2014년부터 열려 세계 최대 규모의 테크콘퍼런스로 성장한 '콜리전 콘퍼런스(Collision Conference)'가 있다. 140개국에서 4만 명 이상이 참여하는 '테크 분야의 올림픽'으로 국내 기술 스타트업이 북미 시장에 진출하는 등용문 중 하나다. 2017년 처음 열린 '엘리베이트(Elevate)'도 테크 관련 콘퍼런스 중 하나로 200여 개의 스타트업과 투자자들이 참여한다. 테크 관련 기술 동향과 함께 구글, 삼성 등 글로벌 기업들이 분야별 기술사례 등 다양한 세미나를 제공한다. 2019년에는 딥러닝의 대부인 토론토대학의 제프리 힌튼 교수가 인공지능 워크숍을 열기도 했다.

대표적인 인큐베이터로는 CDL이 있다. 토론토대학 산하의 액셀러레이터(창업지원기관)로 캐나다, 미국, 영국 등 7개 도시에 사무실을 두고 초기 스타트업들을 집중적으로 육성하고 있다. 주로 인공지능, 블록체인, ICT 등 소프트웨어 기반 테크기업을 지원한다. 캐나다가 4차 산업 강국으로 도약하는 데 핵심적인 역할을 담당할 핀테크(금융과 기술이 결합한 서비스) 분야 중심의 인큐베이터 및 액셀러레이터인 FGS도 있다.

선물신용카드 스타트업인 코호(KOHO), 최소 투자금액의 제한을 없애 소액 투자자들이 보다 쉽게 주식에 투자할 수 있도록 만든 주식거래 플랫폼 웰스심플(Wealthsimple) 등은 핀테크 스타트업들이다. 아마존의 대항마로 떠오른 캐나다의 쇼피파이(Shopify)는 온라인 플랫폼 '쇼피파이 밸런스' 서비스를 통해 금융 영역으로 사업을 확대하는 중이다.

스타트업 투자금액과 건수는 2013년부터 2018년까지 꾸준히 증가했다. AI가 산업 전반에 접목될 가능성이 커지면서 AI 스타트업 투자가 늘어나는 추세다. AI 등 주요 분야에 안정적인 VC 투자가 이뤄지면서 2013년 12억 달러였던 투자금액이 2018년 35억 달러를 기록했다. 투자 건수도 같은 기간 250건(2013년)에서 2018년 471건을 달성했다. CB 인사이트(2019)가 뽑은 세계 100대 AI 기업에 캐나다 기업으로는 '엘리먼트 AI(Element AI)'를 비롯해 '딥제노믹스(Deep Genomics)', '레이어6(Layer6)', '말루바(Maluuba)' 등이 이름을 올렸다. e메일과 개인 메신저의 장점을 결합한 기업용 메시징 서비스 툴 '슬랙(Slack)', 소셜 미디어 관리 플랫폼인 '훗스위트'(Hootsuite), AI 기반 영상보안 기업 '아비질론(Avigilon)' 등이 캐나다의 대표적인 유니콘 기업들이다.

핀테크·이커머스로
창업 강국 된 나라

2021년 기준 세계에서 5번째로 많은 스타트업을 창업(2,197개)한 나라. 세계 4위 인구 대국이면서 2020년 세계은행(WB) 기준 구매력지수에서 경제규모 세계 7위인 나라, 바로 인도네시아다. 코트라(KOTRA)에 따르면 최근 5년간(2015~2020년) 인도네시아의 디지털 분야 경제성장률은 41%로 동남아시아에서 가장 높다. 미국 글로벌 정보통신기술(IT) 미디어 매체인 CB인사이트(CB Insights)의 집계에 따르면 올해 3월 기준 인도네시아의 유니콘 기업(기업가치 10억 달러 이상인 비상장 스타트업 기업) 수가 7개로 아세안 국가 중 가장 많다. 벤처기업 대상 기술투자 기업인 센토 벤처캐피털(Cento VC)의 2020년 보고서를 보면 인도네시아는 동남아 스타트업 투자 자본의 74%를 차지했다.

청년층, IT산업 성장 발판

인도네시아는 1만 7,000여 개의 섬으로 이뤄진 국가다. 2020년 12월 기준 총인구가 2억 7,350만 명으로 인터넷 사용인구 2억 명 중에서 절반 이상이 30대 이하인 젊은 나라다. 인터넷 보급 확대와 인구구조, 2016년 첫 디지털혁명 영향으로 핀테크뿐 아니라 이커머스 산업이 크게 발전할 수 있었다. 두 산업을 중심으로 2021년 IT산업은 전년 대비 40% 이상 성장했다. 시장규모로는 1,470억 달러인데 2024년에는 3,200억 달러 규모로 2배 이상 성장할 것으로 전망된다. 동남아시아에서 디지털 경제의 규모가 가장 크고, 성장 속도도 가장 빠르다.

특히 핀테크 산업은 30대 이하 젊은 층의 적극적인 사용으로 높은 성장세를 보이고 있다. 온라인 네트워크를 활용해 상품 및 서비스를 사고파는 이커머스 산업도 스마트폰 보급 확대로 꾸준히 성장하고 있다. 인도네시아 인터넷 서비스공급자협회(APJII)의 2020년 조사에 따르면 약 2,500만 명의 인터넷 사용자들이 신규 유입됐다. 세계 인구 4위의 큰 내수시장과 인터넷을 이용하는 30대 이하 젊은 층의 유입은 스타트업 성장의 불쏘시개 역할을 했다.

인도네시아는 네트워크 접근성을 높이기 위해 2017년 8월부터 전역에 초고속 통신망을 설치하는 '팔라파 링(Palapa Ring)' 프로젝트를 시작했다. 이는 인터넷 인구 확산의 원동력이 됐고, 모바일 결제와 SNS를 활용한 이커머스 산업이 성장하는 기반이 됐다. 특히 코로나19 장기화로 비대면 소비 연령층이 확대되면서 이커머스 산업은 또 한 번 성장의 동력을 얻었다.

인도네시아의 여러 스타트업 인큐베이트와 액셀러레이터가 스타트업 육성과 투자에 적극 나서면서 도움을 줬다. 인도네시아 통신정보기술부는 2016년 창업기업 활성화를 위해 '국가적 부흥운동'이라는 뜻을 담은 인큐베이팅 프로그램 'Gerakan Nasional 1000 스타트업'을 시작했다. 디지털 분야에서 창업기업 성장을 돕기 위해 규제를 해제하고 인프라를 지원하는 정부 역할의 모범 사례로 꼽힌다.

1개 데카콘, 6개 유니콘 보유

인도네시아에는 기업가치 100억 달러(약 12조 원) 이상의 비상장 스타트업을 뜻하는 데카콘 기업 1개(J&T Express)와 유니콘 기업 6개(Akulaku, Xendit, Ajaib, Kopi Kenangan, Traveloka, OVO)이 있다. 아마존의 창업자인 제프 베이조스의 선택을 받은 소프트웨어 스타트업 '루모(Lummo)'도 있다. 루모는 2019년 중소기업을 위한 회계장부 앱인 '부쿠카스(BukuKas)'라는 이름으로 시작했다. 2020년 작은 가게나 소규모 사업자들이 자체적으로 쉽게 온라인 스토어를 개설할 수 있도록 도와주는 '토코(Tokko)'와 합쳐 재탄생한 스타트업이다.

CB인사이트의 유니콘 기업 명단에 올라 있는 전 세계 1,000여 개 기업 중 데카콘 타이틀을 얻은 건 J&T 익스프레스(J&T Express) 등 52개에 불과하다. 데카콘과 유니콘의 등장은 인도네시아가 디지털 창업 부분에서 신기원을 이룩하는 기반이 됐다.

스타트업에서 성장한 대표적인 기업으로 '고젝(Gojek)'이 있다. 인도네시아 최초의 유니콘 기업으로 2019년 데카콘이 됐다. 지난해 5월 또 다른 유니콘 기업인 '토코피디아(Tokopedia)'와 합병해 지주사 '고투(GoTo)'로 재편된 후 오는 4월 4일 기업공개를 앞두고 있다. 고젝은 교통, 물류, 결제, 뉴스, 엔터테인먼트 등 다양한 서비스를 제공한다. 오토바이를 우버처럼 사용할 수 있게 한 고라이드(GoRide)에서 출발해 배달서비스인 고마트와 고푸드, 화물 운송 서비스인 고박스와 고센드, 핀테크 앱인 고페이 등 여러 슈퍼 앱을 선보이며 동남아 지역의 가장 큰 기술 플랫폼 중 하나로 성장했다. '토코피디아'는 인도네시아 전역에서 접근이 가능한, 가장 큰 전자상거래 플랫폼이다. 매월 1억 명 이상이 사용한다. 개인, 소규모 상점, 브랜드 등이 자체 온라인 매장을 열고 관리할 수 있도록 돕는 온라인몰 비즈니스 모델이다. 2019년 10월 방탄소년단을 홍보모델로 발탁하기도 했다.

지난해 8월 상장한 부칼라팍(Bukalapak)은 토고피디아, 그리고 싱가포르 기업들인 소피(Shopee), 라자다(Lazada)와 함께 동남아시아 시장을 이끄는 전자상거래 기업들이다. 고객서비스 업무를 로봇이 아닌 인력으로 처리하고, 특히 중소기업과의 상생으로 사랑받고 있다.

트래블오카(Traveloka)는 인도네시아에서 가장 인기 있는 여행 관련 앱 중의 하나다. 모바일 앱을 3,000만 번 이상 내려 받을 만큼 인기 있는 여행 예약 앱으로 자리 잡았다. 오보(OVO)는 디지털 금융서비스를 제공하는 플랫폼이다.

인도네시아에는 잠재적인 유니콘 기업들도 많다. 특히 차세대 유니콘으로 성장하는 분야가 애듀테크와 헬스테크다. 루앙구루(Ruangguru)는 대표적인 에듀테크 기업이다. 추정 평가액이 5억 달러에 달해 차세대 유니콘으로 꼽힌다. 헬스테크 분야에서는 원격의료 플랫폼인 알로독터(Alodokter)가 있다. 코로나19 장기화로 거래량이 늘면서 시장가치가 높아지고 있다.

인도네시아 스타트업들의 대다수는 디지털 기반이다. 그럼에도 4세대(G) 이동통신 접속이 되지 않는 마을이 전체의 15% 수준이어서 정보기술 인프라 개발이 절실하다. 전자상거래 스타트업 분야가 성장하려면 1만 8,000여 개의 세계 최대 도서국가라는 점을 고려해 인터넷 네트워크망과 배송시간 문제 해결, 물류시스템의 발전 등이 뒤따라야 한다는 과제도 안고 있다.

관료주의 깨고…
혁신 거듭한 기업들

브라질

코로나19 팬데믹과 경제위기 상황에도 스타트업 성장세가 뚜렷한 나라가 있다. 높은 세금과 관료주의, 복잡한 행정이라는 '브라질 코스트'를 혁신으로 극복한 중남미 최대 스타트업 강국 브라질이다. 브라질은 인구 2억 1,000만 명을 자랑하는 세계 6위의 인구 대국이다. 중위연령이 32세로 비교적 젊은 국가인데 2045년까지 꾸준히 인구가 증가할 것으로 전망된다. 인구 대비 인스타그램, 페이스북 이용률은 세계 3위로 온라인 플랫폼에 친숙하다.

2018년 브라질 최초 유니콘(기업가치 10억 달러 이상의 스타트업) 타이틀을 거머쥔 '99'를 시작으로 2020년에 6개, 2021년 1분기에만 2개의 유니콘 기업이 탄생했다. 글로벌 조사기관 CB인사이트에 따르면 2022년 2월 기준 브라질의 유니콘 기업 수는 15개로, 유니콘 기업 수가 많은 10개 국가 중 하나로 꼽힌다. 유니콘 기업이 빠르게 늘면서 지난해 스타트업 투자 금액은 94억 달러로 지난 5년간의 투자액을 합친 것보다 많았다.

행정 비효율성을 성장 자양분으로

브라질의 스타트업 성장 원동력은 무엇일까?

경제협력개발기구(OECD)에 따르면 브라질의 조세부담률은 국내총생산의 33%에 달한다. 또한 연방·주·시별로 세금의 관할 주체가 다르다. 세금 산정방식도 복잡할 뿐만 아니라 기업이 브라질 전역에 걸쳐 사업을 하려면 약 3,000개의 세무 규정을 알아야 할 정도로 규제가 복잡한 나라다. 복잡한 노동법 탓에 인사관리를 잘못했다가 노동 관련 소송에 휘말리기도 쉽다. 브라질은 복잡한 행정 등 많은 규제 탓에 혁신이 어려운 나라로 꼽힌다. 하지만 브라질은 이러한 비효율성을 스타트업 성장의 자양분으로 발전시켰다.

브라질 스타트업협회(ABStartups)에 따르면 현재 브라질에서 활동하는 스타트업은 2018년 기준 약 1만 5,000개로 대다수의 스타트업 기업은 대규모 시장이 형성돼 있고, 통신 인프라가 상대적으로 발달한 남부·남동부 지역에 밀집돼 있다. 브라질 전체 스타트업 기업의 41%가 상파울루 주에 있는데 최근 스타트업 기업 설립 지역이 벨루오리존치(Belo Horizonte), 플로리아노폴리스(Florianopolis) 등지로 점차 다양화되는 추세다. 협회 등록 기업의 72%는 25~40세의 청장년층이 주도하는 기업이다. 브라질의 유력 스타트업 분야로는 교육(에듀테크), 농업(애그테크), 금융(핀테크), IT 등이 있다.

대표적 유니콘으로 세계에서 가장 큰 인터넷전문은행인 '누방크(Nubank)'가 있다. 지난해 12월 9일 뉴욕증시에 상장한 첫날 시가총액 476억 달러를 기록하며 단숨에 남미에서 가장 몸값이 높은 금융기업이 됐다. 누방크는 콜롬비아 출신 이민자가 설립한 스타트업이다. 이민 초기 은행 계좌를 만들기 위해 각종 서류를 제출하고도 6개월이나 기다려야 했고, 매월 계좌유지비를 내야 하는 등 관료주의적인 은행 서비스를 혁신해야 한다는 생각이 창업의 원동력이 됐다. 누방크는 계좌 개설부터 카드 수령까지 모두 온라인으로 진행하고, 계좌 유지비도 없어 많은 고객을 확보할 수 있었다. 현재는 브라질 전역 5,570개 도시에 약 4,000만 명의 사용자를 보유하고 있다. 특히 '워런 버핏이 찍은 핀테크 기업'으로도 유명하다. 브라질의 관료주의적 은행 결제시스템을 개선해야 한다는 요구는 2021년 1분기 기준 7개의 핀테크 유니콘 기업이 탄생하는 계기가 됐다.

차량호출 플랫폼 '99'는 일종의 콜택시 개념의 운송 애플리케이션이다. 한국 카카오택시처럼 사용자와 택시기사 및 개인 기사를 연결해주는 회사다. 일본 기업 소프트뱅크로부터 1억 달러 상당의 투자자금을 유치했다. 아이푸드(iFood)는 한국의 '배달의 민족'과 유사한 음식 배달 애플리케이션이다. 모빌(Movile), 내스퍼(Naspers), 인노바 캐피털(Innova Capital)이 주도한 투자 펀딩 라운드에서 5억 달러의 투자를 유치했고, 벤처캐피털 펀드들이 2014년 아이푸드를 인수한 모빌에 4억 달러를 투자해 2018년 11월 유니콘 기업으로 성장할 수 있었다.

코로나19로 병원 방문이 부담스러운 환자들이 사용하기에 적합한 의료 플랫폼인 '클릭리피(Click Lifee)'도 있다. 병원 진료를 100% 온라인으로 할 수 있는 플랫폼으로 의사 면담, 처방전 송부, X-레이 공유부터 의사소견서 수령까지 온라인으로 가능하다.

부동산 임대 서비스를 전문으로 하는 스타트업인 '퀸토 안다르(Quinto Andar)', 에어비앤비나 알리익스프레스, 스포티파이, 우버 등과 같이 국경을 초월한 결제 서비스를 제공하는 핀테크 '이뱅스(Ebanx)'도 있다.

대기업·스타트업 간 협력 사례 많아

브라질은 창업에 대한 지원이 다양하다. 정부는 '스타트업 브라질', '이노바티바 브라질(Inovativa Brasil)’ 등 다양한 스타트업 기업 후원 프로 그램을 운영한다. 민간 기업들은 스타트업 경진대회인 ‘모비멘토 100 오 픈 스타트업’을 통해 소규모 기업체에 기술·금융 지원을 한다. 스타트업 브라질은 2012년 민간의 글로벌 창업 지원 역량 강화와 건전한 창업 문 화 형성을 위해 만들어졌다. 주로 브라질 정보기술(IT) 업체를 대상으로 창업 자금 및 각종 인센티브를 지원한다. 창업 3년 이하 스타트업 기업이 대상이다. 창업 분야에 대한 지식과 노하우를 신속하게 터득하고 해당 분 야에서 빠른 시일 내에 확고하게 자리매김할 수 있도록 도와준다.

이노바티바 브라질은 정부 주도의 스타트업 기업 후원 프로그 램이다. 기술 지원과 투자가 필요한 스타트업 기업을 선발해 해당 분 야 중견 기업과 연결해준다. 다양한 창업 관련 전문 강좌도 무료로 제 공한다. ‘모비멘토 100 오픈 스타트업’은 혁신 지원기관인 위노베이트 (Wenovate)의 주도하에 진행되는 사업으로 다양한 분야에서 혁신적 인 아이디어를 보유한 100개의 스타트업 기업과 기술자문 및 투자의향 을 가진 대기업들을 연결해주는 역할을 한다.

대기업과 스타트업 기업 간의 협력도 스타트업 성장에 발판이 됐 다. 혁신적인 기술을 가진 스타트업에 대한 대기업의 관심이 커지면서 스타트업 시장이 활기를 띠고 있다. 대기업들이 일반 투자자나 기업 후 원자 역할 또는 프로젝트 인수를 통해 스타트업 생태계에 참여하면서 스타트업들은 더 많은 재원을 확보하고 자금을 조달할 수 있다. 스페인 의 통신기업 ‘텔레포니카’가 기술혁신 허브인 ‘웨이라(Wayra)’를 후원 하는 게 대표적인 사례다.

브라질은 최근 농축산업의 첨단화가 빨라지면서 이 분야 스타트 업인 ‘애그테크(Agtech)’도 성장세다. 대부분의 브라질 애그테크 스타 트업은 농산업 기술 연구의 중심인 상파울루대학 농과대학이 있는 상파울루 주에 있다. 이 지역은 미국의 실리콘밸리를 본떠 '애그로텍 밸리 (Agrotech Valley)'로 불리며 산학협력 하에 활발하게 농산업 기술 개발을 연구하고 있다.

　　브라질은 최근 복잡했던 법규와 제도를 정비하면서 기업 투자유치가 활발해질 것으로 예상된다. 정부가 지난해 '디지털 정부'를 실현하기 위한 법안을 승인하면서 각종 정부 제공 서비스를 하나의 통합된 디지털로 사용할 수 있게 돼 업무 효율성도 개선될 전망이다. 다만 초고속 인터넷 등의 인프라 구축은 아직 과제로 남아 있다.

| 호주 | # 실리콘밸리 문화 흡수… 창업 요충지로 우뚝 |

호주는 지난 28년간 마이너스 없는 경제성장을 했다. 선진국 중 가장 오랜 기간 연속 성장하는 기록을 세웠다. 최근에는 스타트업 성장이 이를 뒷받침하고 있다.

코로나19 상황에도 디지털 뱅킹과 핀테크 중심으로 벤처 투자자들의 투자가 증가했다. 특히 미국 벤처캐피털의 주목을 받고 있다. 디지털 전환을 선도하면서 새로운 일자리의 90%가 스타트업에서 나오고 있다.

글로벌 스타트업 생태계 보고서를 발표하는 '스타트업 게놈'은 2019년 스타트업하기 좋은 도시 23위에 호주 시드니를 올렸다. 순위가 아주 높다고는 할 수 없지만 미래가 기대되는 챌린저 리스트에 포함됐다.

호주는 한반도의 37배나 되는 넓은 땅을 갖고 있다. 인구는 2020년 기준 2,570만 명 정도로 한국의 절반 수준이다. 주요 산업은 광업과 금융, 관광이다. 이런 호주가 창업하기 좋은 나라가 된 원동력은 무엇일까?

영어권으로 실리콘밸리 문화 습득 빨라

우선 호주가 영어권 국가라는 점을 들 수 있다. 호주는 영어를 쓰다 보니 아시아나 유럽의 여러 나라보다 실리콘밸리 문화를 쉽게 접할 수 있다. 실리콘밸리에서 검증된 사업 아이템을 가져와 호주에서 연착륙시키기가 용이하다는 뜻이다.

수년 전부터 형성되기 시작한 스타트업 커뮤니티가 이런 사업을 활성화하는 데 도움이 된다. 개발자 중심의 온라인 커뮤니티 '실리콘비치'는 정보기술(IT) 창업을 꿈꾸는 커뮤니티로 발전해 사업 아이디어를 공유하는 장소가 됐다.

스타트업 콘퍼런스 '시드스타(SydStar)'도 도움이 되고 있다. 스타트업 경영자와 예비 창업자들이 모여 인맥을 만들고, 마케팅과 투자 유치 활동을 할 수 있는 기회의 장이다. '테크23(Tech 23)'은 기술혁신에 중점을 둔 콘퍼런스로 대학에서 연구하는 과제들도 창업 아이템으로 선발될 수 있는 행사다.

호주는 투자 관점에서 보수적인 나라다. 한국 인구의 절반 수준인 작은 내수시장은 확장성을 보장할 수 없다. 그래서 확실한 비즈니스 모델이 없으면 투자받기가 쉽지 않다. 또한 호주는 서양문화를 가지고 있지만 미국과 같은 도전정신은 다소 부족했다. 최근엔 실리콘밸리 문화를 신속하게 흡수하면서 창업자는 물론 사회 전체적으로 도전정신이 고취되고 있다. '모난 돌이 잘 되더라!' 문화가 정착되기만 하면 특출한 아이디어만 가지고도 승부를 볼 수 있어 조만간 실리콘밸리도 따라잡을 것 같은 분위기다.

우리가 호주 스타트업을 주목해야 하는 이유도 영어권 국가로서의 글로벌 커넥션이다. 미국과 영국과의 교류가 활발하기 때문에 이런 이점을 잘 활용하면 아시아·태평양 진출을 꿈꾸는 기업들로선 호주가 전초기지나 마찬가지다.

호주 스타트업의 성장에는 정부와 대학 간의 합심 전략도 한몫

하고 있다. 호주 대학은 창업자 양성과 아이디어의 사업화에 투자를 아끼지 않는다. 유망 기업을 발굴해 투자와 멘토링을 제공하는 액셀러레이터의 절반 이상은 대학 연계기관 소속이다. 100개의 스타트업 지원 프로그램이 대학교와 연결돼 있고, 창업자 5명 중 1명은 대학 연계기관에 속해 있는 액셀러레이터의 지원을 받는다. 스타트업을 창업한 3명 중 1명이 정부의 지원금과 장학금을 받았다.

정부·대학의 합심 전략 통했다

적극적인 정부 정책도 큰 도움을 줬다. 정부는 연구개발(R&D) 투자에 세제 혜택을 늘려 창업 생태계로 자금을 모으는 역할을 한다. 정부의 자금 지원을 받을 때 필요한 서류작업과 잡무도 상대적으로 적은 편이다. 자금 집행을 결정하면 시제품을 출시해 시장 반응을 빠르게 파악할 수 있도록 지원한다. 한국의 대한무역투자진흥공사(KOTRA) 같은 역할을 하는 오스트레이드(Austrade)는 호주 스타트업의 해외 진출을 위해 노력한다.

다른 한편으로 성공적인 글로벌 엑시트(Exit· 투자자금 회수) 사례가 늘면서 선순환을 일으키고 있다. 기업 가치를 높게 인정받아 성공적인 엑시트를 한 케이스가 많아지면서 호주 스타트업 생태계의 가치를 높이고 있다.

스타트업 초기 투자 펀딩도 잘 이뤄지고 있다. 아무리 아이디어가 좋아도 최소한의 기능을 갖춘 제품을 만들어 수요자의 반응을 파악하려면 초기 투자자금 확보가 중요하다. 스타트업 게놈의 2019년 스타트업 생태계 비교 조사 결과를 보면 시드니 지역의 스타트업 초기 투자자금은 25만 8,000달러(약 3억 2,600만 원) 수준이다. 멜버른은 15만 5,000달러 수준으로 호주 시장의 전체 규모를 고려하면 상당히 큰 금액이다. 서울의 스타트업 당 초기단계 펀딩액수(투자 자금)는 10만 7,000 달러로 스타트업 생태계 규모에 비해 금액이 매우 적다. 다른 도시와 비교해 서울이 가진 가장 큰 취약점이다.

호주 스타트업 성공의 비결로 다양성도 빼놓을 수 없다. 이민자의 나라답게 유럽과 인도, 중국, 동남아 등 다양한 문화권 간의 인력교류가 활발하다. 일과 삶의 균형을 중시하는 분위기는 긍정적인 효과를 가져왔다. 다만 호주의 높은 인건비는 스타트업 창업 시 고려해야 할 사항이다. 특히 고급 인력을 끌어들이려면 투자 자금을 넉넉히 확보해야 한다.

대표적인 스타트업으로 온라인 플랫폼 기업인 '엔바토(Envato)'와 소프트웨어 기업 '캔바(Canva)'를 들 수 있다. "지금 사고, 나중에 지불하세요(buy now, pay later)!"라는 메시지로 유명한 호주 최대 선구매 지불회사인 '에프터페이(Afterpay)'와 '집머니(ZipMoney)'는 핀테크 분야에서 활약 중이다. 은행들 송금 수수료를 크게 낮춘 핀테크 플랫폼 '에어웰렉스(Airwellex)'와 자율주행 차 기업 '죽스(Zoox)', 바이오테크 기업 '10XGenomics' 등도 앞서 소개한 기업들처럼 유니콘 기업이다.

약 3조 8,000억 원의 기업 가치를 평가받는 '캔바'는 펠라니 퍼킨스라는 19세 소녀가 창업한 회사다. 무려 100번 이상의 투자요청 거절에도 포기하지 않았다. 대학을 중퇴하고 창업했다. 캔바는 필요한 문서와 소개 책자, 책 등을 출판할 수 있게끔 도와주는 애플리케이션이다. 워드와 포토샵의 단점을 극복했다. 사람들이 가장 많이 쓰는 기능을 아주 쉽게 쓸 수 있도록 만들어 인기를 끌고 있다.

'셰파(Shepa)'는 우버와 우체국 택배서비스를 접목한 클라우드 소싱 기반의 주문 형 택배서비스다. 앱을 통해 신청하면 픽업 후 호주의 주요도시에 대부분 1~2시간 이내 당일 배송된다. 리걸 테크 기업인 '이미디에이션(Immediation)'은 세계 최초의 온라인 기반 분쟁 해결 플랫폼이다. 저렴한 비용에 조정 및 중재 등의 법률서비스를 제공한다. 앱 기반 항공서비스 '에얼리(Airly)'는 모바일 앱을 통해 개인 제트기를 예약할 수 있는 서비스다. 기업 대표들이 주요 고객으로 일반 항공편을 이용할 때보다 1시간가량을 절약할 수 있다. 향후 일반 가족단위 여행객들도 이용할 것으로 전망된다.

스웨덴	# 어떻게 유럽의 실리콘밸리가 됐을까?

스웨덴은 유럽의 실리콘밸리로 불린다. 벤처캐피털 기업 아토미코(Atomico)의 2020년 보고서를 보면 스웨덴의 수도 스톡홀름은 유니콘(기업가치 10억 달러 이상의 비상장 스타트업) 기업 수가 인구 10만 명 당 약 0.8개로 1.4개인 미국의 실리콘밸리에 이어 두 번째로 많다. 같은 회사의 최근 자료에 따르면 인구 100만 명 당 스타트업 수는 429개로 유럽 내 6위에 올라 있다. 스타트업 분석기관 '스타트업게놈'은 2019년 스웨덴을 스타트업 생태계 순위 세계 8위에 올렸다.

스웨덴은 인구 95% 이상이 인터넷을 사용한다. 인터넷 속도도 세계에서 가장 빠른 편에 속한다. 세계경제포럼이 인정한 세계에서 가장 디지털화된 나라다. 자율적이고 관료주의의 문제도 거의 없다. 국민은 창의적이고 도전적이며 실패를 두려워하지 않는다. 그래서 18세부터 64세까지 전 연령대의 65%가 창업을 꿈꾼다.

튼튼한 복지와 기업 간 상생

스웨덴은 북유럽 스칸디나비아반도에 있는 인구 1,000만 명의 국가다.

국토는 남한의 4.5배다. 수도 스톡홀름의 인구는 100만 명에 불과하다. 크지 않은 나라임에도 스웨덴을 유럽에서 가장 혁신적이고 안전하며 부유한 국가의 하나로 꼽는다. 세계지식재산기구(WIPO)가 발표하는 글로벌 혁신지수에서 스웨덴은 수년째 스위스에 이어 2위를 차지하고 있다. 스웨덴은 어떻게 실리콘밸리에 이어 세계적인 유니콘 탄생의 중심지가 될 수 있었을까.

첫째, 튼튼한 복지가 기반이 됐다. 스웨덴은 복지국가답게 실업수당, 육아수당 등 다양한 사회 안전망을 구축하고 있다. 이는 실패를 두려워하지 않는 문화로 이어졌고, 창업에 나설 용기를 만들었다. 발명자의 특허 소유권을 인정해주고, 대학교수의 산업체 겸직과 파견 근무를 허용했다. 대학 창업이 용이해졌다. 국민은 창업을 기회의 장으로 인식한다.

경제협력개발기구(OECD)의 2018년 연구에 따르면 노동자 1,000명 당 20개의 스타트업이 창업돼 터키와 스페인에 이어 세계에서 세 번째로 많았다. 스타트업의 3년 생존율은 74%로 전 세계에서 가장 높다.

둘째, 성공한 창업기업과 신생 창업기업 간의 상생문화다. 스웨덴처럼 작은 나라는 대학과 기관, 기업이 서로 지식을 공유하는 문화가 활성화돼 있다. 성공한 '선배'가 '후배'를 끌어주는 문화이기도 하다. 상생문화의 핵심은 노르스켄 하우스(Norrsken House)다. 2016년 유니콘 스타트업 클라르나(Klarna)의 창업자가 설립한 비영리 재단인 노르스켄 재단이 사회적 기업을 지원하기 위해 세운 기관이다.

노르스켄 하우스는 일상의 불편을 해소하거나 더 나은 세계를 만들 수 있는 아이디어를 사업화하는 사회적 기업을 지원한다. 건강한 사회 시스템을 만들려는 정부와 공감대를 형성하면서 시너지 효과를 발휘했다. 2019년에 설립한 더 팩토리(The Factory)는 100개가 넘는 스타트업과 벤처캐피털 등이 모여 있는 북유럽의 최대 혁신 기술 허브다. 디지털 혁신의 장이라 할 수 있는 에피센터(Epicentar)에는 연중 세계적 수준의 워크숍과 국제적인 강의가 열린다.

체계적인 창업지원과 규제 완화

셋째, 다양하고 체계적인 창업지원 정책이다. 정부는 기술혁신청을 통해 매년 약 4,050억 원의 자금을 지원하며 기업 및 공공부문의 혁신을 촉진한다. 그 결과는 지속적으로 평가하고 분석한다. 지자체도 창업을 지원한다. 웁살라 혁신센터가 대표적이다. 웁살라 시, 웁살라대학, 웁살라 지역 중소기업들의 협력으로 설립 운영되며 단계별 창업지원 프로그램을 제공한다. 이 혁신센터의 지원을 받아 창업한 기업의 생존율은 특히 높은 것으로 알려져 있다.

정부의 규제 완화 정책도 스타트업 성장의 기반이 됐다. 1990년 이전 공기업 독점으로 규제가 심했던 경제에서 벗어나 각종 규제를 완화해 민간 기업이 경쟁하기 쉬운 환경을 만들었다. 1993년 외국인이 스웨덴 기업의 소유권을 가질 수 있도록 보호주의 법률에 대응하는 경쟁법을 만들어 외국 기업들도 스타트업을 인수 합병할 수 있게 했다. 법인세도 1991년 30%에서 2020년 22%로 낮춰 창업기업들의 세금 부담을 획기적으로 줄였다. 2000년에는 상속세와 부유세를 없애 여유 자본을 가진 부자들이 엔젤 투자자로서 스타트업에 투자할 수 있는 환경을 만들었다.

스웨덴 대기업들은 수익의 3분의 2 정도를 연구개발에 투자한다. 혁신이 회사의 최우선이기 때문이다. 내수보다 글로벌 시장을 공략한 전략도 볼보, 이케아, H&M 등 세계적인 브랜드가 탄생하는 기반이 됐다. 스타트업을 지원하기 전에 제품의 글로벌화 가능성을 중요하게 본다. 나라 전체가 혁신을 위한 테스트베드 역할을 한다.

정부는 국민의 컴퓨터 사용은 물론 디지털식 사고방식을 지향하는 기업들에 차별화된 혜택을 제공했다. 1990년부터 컴퓨터를 사면 세금을 깎아주는 방법으로 컴퓨터 보급률을 높여 디지털 사회로 거듭났다. 인구의 95% 이상이 인터넷을 사용하고 세계에서 가장 빠른 인터넷 속도를 자랑하는 국가로 성장했다. 이와 같은 초고속 인터넷 정보처리 기술을 바탕으로 혁신적인 비즈니스 모델을 가진 스타트업들이 생겨났다.

대표적인 유니콘으로 '스포티파이(Spotify)'와 '클라르나(Klarna)'가 있다. 세계 최고의 음원 기업으로 음악의 넷플릭스라고 불리는 스포티파이는 5,000만 곡의 음원과 3억 명의 사용자에 1억 명 이상의 유료 가입자를 보유하고 있다. 전자상거래 스타트업 클라르나는 유럽 18개국 6,000만 명의 소비자에게 지불 솔루션을 제공하고 있다. 신용카드가 없는 사람들도 후불결제를 이용할 수 있도록 하는 '선(先)구매 후(後)결제' 시장을 이끌고 있다.

디지털 의료 서비스 부문의 선두업체로 환자와 의사 사이의 온라인 화상진료 서비스를 제공하는 '크라이(Kry)'도 있다. 2020년 기준으로 140만 건 이상의 진료를 기록했는데 스웨덴 전체 일반 진료의 2%를 차지한다. 틴크(Tink)는 은행과 금융기관이 고객들에게 정보기반의 재무 서비스를 제공할 수 있도록 오픈뱅킹 플랫폼을 지원하는 핀테크 기업이다. 노스볼트(Northvolt)는 2016년 테슬라의 전직 매니저인 피터 칼슨이 설립한 리튬이온전지 생산기업이다. 창업 3년 만에 폴크스바겐, BMW, 골드만삭스로부터 1조 2,000억 원의 투자를 유치했다. 해외 기업이 인수 합병한 유니콘도 많다. 2011년 마이크로소프트가 85억 달러에 인수한 '스카이프'와 역시 마이크로소프트가 2014년 25억 달러에 인수한 마인크래프트의 제작사 '모장(Mojang)'이 대표적이다.

스페인

'스타트업 허브'로 뜬 비결은?

유럽 스타트업 생태계 관련 데이터를 제공하는 스타트업 익스플로러 (Startup Explore)의 2019년 조사에 따르면 스페인은 스타트업 투자 규모에서 영국과 독일, 프랑스에 이어 유럽 4위다. 유럽연합 집행위원회 가 설립한 범(汎)유럽 스타트업 플랫폼 '스타트업 유럽 파트너십(SEP)' 은 2019년 발간한 정기 연구 보고서에서 스페인이 스케일 업(scale-up·고성장 벤처기업) 측면에서 유럽 5위에 속한다고 보고했다. '초기 단계의 장벽'을 허물고 글로벌 대기업으로 성장할 후보자가 많다는 의미다.

스페인은 유럽연합의 다른 국가에 비해 물가가 저렴하다. 언어의 동질성이 높아 중남미 진출에 용이한 나라이기도 하다. 바르셀로나는 세계 2위의 스마트시티에 속한다. 대한무역투자진흥공사의 2020년 발간 자료에 따르면 바르셀로나는 창업하고 싶은 유럽 내 도시에서 3위를 차지하기도 했다. 스페인은 외국인 투자가 스타트업 투자의 절반을 차지한다. 열정의 나라 스페인은 경제 규모도 작지 않다. 유럽연합에서 독일과 프랑스, 이탈리아에 이어 4번째로 크다.

저렴한 물가와 중남미와의 연결성이 강점

스페인이 스타트업 허브로 성장할 수 있었던 비결은 무엇일까?

우선 저렴한 물가다. 엑스패티스탄(Expatistan)이 발표하는 유럽 도시별 생계지수 순위를 보면 마드리드(55위)와 바르셀로나(53위)는 런던(4위)이나 베를린(32위) 등 유럽 주요 도시보다 생활비가 저렴하다. 대형 정보통신기술(IT) 이벤트도 강점이다. 세계 최대 모바일 콘퍼런스인 MWC(바르셀로나)를 비롯해 4YFN(바르셀로나)과 South Summit(마드리드) 등 스타트업 전문 대형 전시행사가 매년 열린다.

내국인(51.8%), 외국인(48.2%) 비율로 봤을 때 외국인 투자가 절반을 차지할 만큼 외국인 투자도 활발하다. 또한 엑시트(Exit·투자자금 회수)도 용이하다. 스페인이 언어와 사회, 문화, 역사적인 부분에서 중남미와 유대관계가 깊어 중남미시장 진출의 교두보 역할을 할 수 있다는 점도 장점이다.

창업 클러스터로는 바르셀로나 테크시티가 있다. 바르셀로나를 국제적 기술 허브로 만들기 위해 설립한 민간협회로 700여 개의 회원 및 협력기관이 있다. 국내외 기업과 투자가, 기관과의 네트워킹을 주선한다. 국내외 스타트업 행사를 열고, 코워킹(공유오피스) 사무공간도 제공한다. 또한 세계 7곳에 있는 구글 캠퍼스 중 하나로, 런던에 이어 유럽에서 두 번째로 설립된 마드리드 구글 캠퍼스는 일반인 대상 코워킹 사무공간, 창업 설명회 및 강연을 무료로 제공한다. 2017년에만 모두 317개의 스타트업이 구글 캠퍼스를 통해 투자유치에 성공했고, 3,000여 개의 신규 일자리 창출 효과를 거뒀다.

투자는 지난 4년간 급증했다. 스타트업 통계 사이트 'Observatorio de startups'에 따르면 초기 스타트업에 들어가는 투자자금이 2018년 약 5억 1,000만 유로에서 2021년 30억 8,400만 유로(약 4조 1630억 원)로 급증했다. 스페인 정부 통계를 보면 보수적으로 잡아 2020

년에 약 7,150개의 스타트업이 활동했는데 불과 1년 만에 투자자금이 거의 두 배로 불어났다. 투자가 성장을 가속화하는 형국이다. 두 허브 도시인 바르셀로나와 마드리드에만 국한되지 않고 발렌시아, 빌바오, 말라가와 같은 도시도 번성하고 있다.

가장 많은 스타트업 투자가 이뤄지는 산업은 모빌리티/물류, 건강 및 웰빙, 핀테크/보험, 생산성-비즈니스, 관광, 전자 상거래, 소프트웨어 및 사이버 보안 등이다. 대규모 투자가 이뤄진 곳으로 '렛고(letgo)', 공유자동차 서비스 '케이비티(Cabity)', 배달 서비스인 '글로보(Glovo)' 등 B2C(기업과 소비자 간의 거래를 중심으로 하는) 기업이 있다. 특히 중고 온라인 판매 플랫폼인 렛고는 2018년 최대 투자기업으로 4억 3,000만 유로를 유치했다.

창업 진흥법 제정이 한몫

주요 액셀러레이터(창업기획가)로는 스페인 및 중남미 지역 최대 통신사인 텔레포니카 회사가 운영하는 스타트업 육성 프로그램 웨이라(Wayra)가 있다. 스페인, 독일, 영국 등 10개 국가에서 운영 중이다. 성장 가능성이 큰 스타트업을 선정해 공유오피스, 멘토링, 금융조달 등을 지원한다. 사업성이 높은 업체를 선정해 외부 투자기관과의 투자 매칭 프로그램도 지원한다. 마드리드 구글 캠퍼스의 협력사인 시드로켓(SeedRocket)도 다양한 지원을 하고 있다.

정부는 혁신 프로젝트에 1만 유로의 자금 지원, 신생 스타트업에 투자한 엔젤 투자자에게 20% 세금 감면 혜택(단 5만 유로 미만)을 지원한다. 또한 정부 차원에서 창업문화 발전과 일자리 창출 등을 목적으로 2013년 이후 창업 진흥법을 시행하고 있다. 창업 후 최대 30개월간 사회보장세 면제, 기업 활동으로 부채 발생 시 개인 자산 보호, 기업 설립 절차 간소화, 만 18세 이상 외국인 대상 창업비자 발급 등을 내용으로 한다. 창업 진출 기업을 위해 스페인 투자진흥청에서 지원하는 프로그램인 라이징 스타트업 스페인(Rising Startups Spain)도 있다. 스페인 설계 · 조달 · 시공(EPC)업체인 엔사(ENSA)는 40세 미만의 창업자가 설립한 지 2년 미만인 초기단계 스타트업을 대상으로 융자지원 서비스를 제공한다.

주요 스타트업 콘퍼런스로는 매년 바르셀로나의 MWC 행사 기간 중 열리는 스타트업 육성 이벤트 '4YFN'을 들 수 있다. 2022년 2월 8회째를 맞았다. 투자를 받으려는 스타트업들의 피칭(투자유치) 세션이 풍부해 새로운 시장 흐름을 파악하기 용이하다.

대표적인 유니콘으로 배달서비스 업체 '글로보(Glovo)', 테슬라를 퇴사한 엔지니어가 창업한 전기 차 및 주택용 충전기 개발업체 '월박스(Wallbox)'가 있다. 유학 시절 은행을 통한 송금의 불편함을 해결하고자 결제 핀테크 기업 '플라이와이어(Flywire)'를 만들어 유니콘 기업으로 성장시킨 뒤 엑시트에 성공한 사례도 있다. 온라인 패션 아웃렛 매장인 '프리발리아(Privalia)'도 유명하다. 온라인 패션 매장의 이용 빈도가 늘어나면서 창업 이후 7차례에 걸쳐 2억 달러의 투자자금을 유치했다. 패션 아웃렛 시장 업계 1위로 약 3,000만 명의 회원을 보유하고 있다. 유명 패션 브랜드 상품을 파격적인 세일가로 판매한다. 스페인 최초의 온라인 여행사인 '이드림스(eDreams)'도 있다. 44개국 1,600만 명의 고객을 확보하고 있다. 온라인 유통시장에서 비행기 티켓, 호텔 예약 등 여행상품 매출의 비중이 높다.

기업은행의
IBK창공

중소기업 전문 금융기관인 IBK기업은행이 스타트업을 지원한다. 대표적으로 'IBK창공'이 있다. 'IBK창공'은 혁신 스타트업에 맞춤형 금융·비금융 서비스를 종합 제공하는 육성 프로그램이다. IBK창공은 '창업(創業)공장(工場)'의 줄임말로 '창공(創工)을 통해 창공(蒼空)으로 비상하라!'는 의미를 가지고 있다. IBK창공은 2017년 12월부터 서울 마포에 개소한 이후 구로, 서울대캠프, 부산, 대전 등 전국에 걸쳐 여러 곳을 운영하고 있다.

'IBK창공'의 지원내용을 살펴보면 정말 다양한 프로그램으로 구성되어 있다. 'IBK창공'은 혁신 스타트업 발굴·육성·사후관리, 창업 육성 프로그램 기획과 운영, 창업 유관기관 네트워킹과 공동사업 추진, 데모데이 개최와 대외홍보 활동, 위탁 운영사 선정과 관리 등을 종합적으로 지원하는 스타트업의 허브 역할을 한다.

최종 선발되는 스타트업에 대해서는 전문가들의 사전 진단평가 이후 기업별 맞춤형 프로그램과 아울러 1:1 전담 멘토링을 지원한다. 투·융자 금융지원은 물론 데모데이, IR, 사무공간, 판로 개척, 홍보 지원 등 다양한 비(非)금융지원도 제공한다.

IBK 창공 지원 내용

구분	지원 내용
투자 및 융자	· 우수 기업 대상 IBK금융그룹 직 · 간접 투자 검토 · 국내외 Demo-Day 및 IR설명회 지원 · 국/영문 IR자료 제작지원
교육 및 멘토링	· IBK형 액셀러레이팅 교육 프로그램 · 전문기관의 산업별 전문가 멘토링 · IBK기업은행 內 분야별(인사, 인증, 연구소, 전략 등) 전문가 멘토링
컨설팅	· IP(특허), 회계, 세무, 법률, M&A 등 IBK컨설팅 서비스 제공 · 지적재산권 선행조사 및 권리화 전략 자문
판로개척 및 마케팅	· IBK기업은행 거래 중소 · 중견기업 대상 판로 지원 · 한국중견기업연합회, 한국통신사업자 연합회 등 유관기관과 업무 협약을 통해 창공 기업 판로 지원 · 해외 액셀러레이팅 프로그램 참가 지원 · 국내외 박람회 및 컨퍼런스 참가 지원 · 제품/서비스 홍보 및 디자인 지원
사무공간	· 「IBK창공(創工)」 內 업무공간 무상제공 · 선발기업 중 입주희망 기업 무상 입주(프로그램 종료 시 퇴소)
HR	· i-ONE JOB 무료채용공고 및 IBK스카우트 헤드헌팅 서비스

자료 : IBK기업은행

　　IBK창공은 짧은 기간임에도 지속적으로 많은 성과를 내고 있다. IBK창공은 2022년 말 기준 총 538개 혁신창업기업을 발굴 · 육성했으며 2023년 상반기에도 74개 기업을 육성 중에 있다.

　　IBK기업은행은 2022년 하반기 'IBK창공' 혁신 창업기업을 최종 선발해 7월부터 5개월간 본격적인 육성프로그램을 가동했다. 이번 모집에는 700여 개 스타트업이 지원해 약 10:1의 경쟁률을 기록했다. 치

열한 경합 끝에 최종 69개사가 선발됐다.

　　선정된 스타트업을 보면, 설립 3년 미만 창업초기 기업이 49개사로 전체 71%를 차지했다. 업종별로는 인공지능(AI), 사물인터넷(IoT), 정보통신기술(ICT) 등이 30%로 주를 이뤘다. 콘텐츠, 핀테크, 에듀테크 등 지식서비스 분야가 22%로 뒤를 이었다. 또 생분해성 플라스틱 제조, 에너지 관리 효율화 등 친환경 관련 기업, 각종 질환 치료제와 솔루션을 개발하는 바이오헬스 기업 등 기술력과 시장성을 겸비한 다양한 스타트업이 최종 선발됐다.

　　IBK 창공은 금융·비(非)금융 지원을 제공하고 거액 투자유치, 기업가치 상승, 국내외 수상 등 다양한 우수사례를 창출하고 있다. 2022년 말 기준 금융지원은 1조 39억 원을 투입했고, IR, 멘토링·컨설팅 등 비(非)금융 지원은 7,828회를 실시하였다. 22개사에 대해서는 100억 원 이상의 투자를 유치하였고, '혁신기업 국가대표 1000', '미국 CES 혁신상', 'KES 2021', '미국 FORBES 최고경영자', '도전! K-스타트업' 등을 수상하였다.

　　2021년 말 기준 IBK창공 혁신스타트업의 매출액은 6,026억 원, 고용은 4,594명을 창출한 것으로 분석됐다. 이를 통해 창공 모델 다양화, 자금 공급 확대 등을 통해 스타트업 생태계 구축에 IBK기업은행의 역할이 더욱 강화되고 있다.

IBK 창공 지원 성과

구 분		18년	19년	20년	21년	22년	누계
금융(억원)	투자	46	282	972	1,851	4,914	8,065
	대출	38	165	423	563	785	1,974
	합계	84	447	1,395	2,414	5,699	10,039
비금융(회)	멘토링·컨설팅	269	1,162	2,581	1,604	1,943	6,128
	IR	44	230	611	480	609	1,700
	합계	313	1,392	3,192	2,084	2,552	7,828

자료 : IBK기업은행

산업은행(KDB)의 넥스트라운드

산업은행은 'KDB NextRound'를 운영하고 있다. 'KDB 넥스트라운드'는 국내 벤처 생태계 성장을 지원하고자 모든 벤처 스타트업에게 개방된 시장 형 투자유치 플랫폼이다. KDB 넥스트라운드는 스타트업의 모든 성장 단계에서 함께하고 있으며, 4차 산업혁명을 이끌어 갈 벤처·스타트업에게 투자 유치의 기회를 제공한다. 벤처 투자자에게는 우량 투자처 발굴을 통해 투자 선순환이 생기도록 하고 있다.

Accelerater, Venture Capital, 창업지원기관 등 투자전문기관을 파트너로 구성하여 연중 상시로 벤처스타트업의 IR을 실시하고 있다.

KDB는 정기 IR 라운드로 신규 스타트업을 발굴하기 위해 국내외 유수의 호스팅 파트너사와 함께 매주 3회 IR 피칭의 기회를 제공한다. 따라서 연간 총 100회 정도의 스타트업이 IR 피칭의 기회를 얻게 되고, 300개 이상의 스타트업을 발굴하고 있다. 또한 이러한 IR 피칭 이후 투자유치를 할 수 있는 투자기관 약 420여 개와 IR 피칭 정보를 공유하며, 1,800여 명 투자자들과 함께 정보를 공유하고 있다.

'KDB 넥스트라운드'의 지원내용을 보면, KDB는 지역 협력과 상생발전을 위해 지역 소재 스타트업, 벤처기업과 수도권 벤처기업 투자자를 연결하며, 지역 벤처 생태계의 상호 협력 기회를 제공하고 있다. 또한 글로벌 협력을 위해 국내 스타트업의 해외진출을 지원하고, 해외에서도 IR 피칭을 진행했으며, 2018~19년 중국과 인도네시아에서 개최한 스페셜 라운드가 가장 대표적이다.

2020년에는 미국과 동남아 현지 투자기관들이 온라인으로 참여하여 온·오프라인 병행 라운드를 진행하면서 4차 산업혁명 시대에 발맞춰 글로벌 협력 라운드도 진행할 수 있는 기회의 장을 마련하고 있다.

'KDB 넥스트라운드'의 성과도 크다. 2016년 8월 이후 2022년까지 636회의 투자유치 라운드를 통해 2,365개 벤처 스타트업이 참석하여 이 중 645개 기업은 4조 9,000억 원 이상의 투자유치에 성공해 우량 벤처기업들의 투자유치 통로 역할을 충실히 해왔다. 한 해 평균 약 100회 이상의 IR로 투자유치를 지원해왔는데, 특히 크로나19 발생 이후 투자자의 IR 현장 참석이 제한되는 상황에서도 온·오프라인을 병행하는 방식으로 2020년과 2021년 총 174라운드를 개최해 벤처기업의 투자유치 공백을 최소화했다.

넥스트라운드

정기 IR 라운드로 연간 300개 이상의 스타트업 투자유치 지원	· 국내외 유수의 호스팅 파트너사와 함께 매주 3회 IR라운드 개최 · 연간 100회 정도의 스타트업 IR실시, 300개 이상의 스타트업 발굴 · 420여개 투자기관, 1,800여명 투자자와 IR라운드 정보 공유('20년 말 기준)
지역 스페셜라운드로 지역 소재스타트업과 수도권 VC투자자를 연결, 지역 벤처생태계 활성화	· 2018-2020년 강원, 경상, 전라, 충청, 제주 등 16회 지역 라운드 개최 ('18년 4회, '19년 10회, '20년 2회 진행)
글로벌 스페셜라운드로 국내 스타트업의 해외진출 지원 및 해외 VC와의 네트워킹 기회 제공	· 018-2019년 중국(선전, 상하이), 인도네시아 (자카르타)에서 라운드 개최 · 2020년 미국, 동남아 현지 투자기관들이 온라인으로 참여한 온·오프라인 병행 라운드 진행
오픈이노베이션 스페셜 라운드로 우수 기술 보류 스타트업과 기업을 연결, 신성장 동력 확보	· CVC(Corporate Venture Capital) 라운드 및 업종별 스페셜라운드 등 개최
TechConnect 라운드로 기술사업화, 전략적 투자와 M&A 지원	· 국가과학기술 기반 창업 및 기술 사업화를 지원 · 기술을 매개로 기술공급자(연구기관, 대학 등)와 기술수요자(기업)를 연결

자료 : https://www.nextround.kr/programs/nextround

하나은행의
1Q Agile LAB

하나은행은 급변하는 금융시장에서 스타트업이 유연하게 대응할 수 있도록 지원하고 있다. 글로벌 No.1을 목표로 시장과의 소통, 제휴와 상호협조, 공동대응 외에 핀테크 지원 프로그램 '1Q Agile LAB(원큐 애자일 랩)을 운영하고 있다.

'하나 원큐 애자일 랩'은 하나은행이 2015년 6월 은행권 최초로 설립한 핀테크 스타트업 멘토링 센터로서, 핀테크 스타트업과 동반성장을 하고자 하는 프로그램이다.

하나원큐 애자일랩 Program 운영 절차

Step 01 제안서 접수 | Step 02 1차 심사 | Step 03 입주 심의 | Step 04 입주 | Step 05 16주 멘토링 | Step 06 Demo day

스타트업 운영위원회	· 하나원큐 애자일랩 입주, 외부기관 연계 등 · 핀테크 멘토링 프로그램 전반에 관한 의사결정 · 1차 상담을 통과한 핀테크 기술 및 　서비스에 대한 심화 피드백 · 접수된 핀테크 기술 및 서비스에 대한 DB 이력관리
전문적인 멘토링 프로그램	· 대·내외 전문가의 1:1 멘토링 및 하나원큐 애자일랩 연계 · 그룹 관계사 연계를 통한 다양한 사업기회 도모 · 유사기술 보유기업과 매칭을 통한 사업 영역 확대 · 법률 및 특허 지원 · 멘토링을 통해 POC(Proof Of Concept) 도출
인큐베이팅	· 멘토링 기간 후 Demo-day 개최를 통해 사업성 검증 · 금융지원 (직접 투자, 제휴 엑셀러레이터 소개 등)
제휴 사업 도모	· 하나금융그룹, 핀테크 기업 간 제휴 사업 모델 추진 · 해외 네트워크를 활용해 글로벌 진출 기회 제공

자료 : https://www.kebhana.com/1QLab/program/index.jsp

　지원내용이 다양하다. 선정된 스타트업에는 개별 사무공간이 제공되며 하나금융그룹 전 관계사 내 현업 부서들과의 사업화 협업, 외부 전문가들에 의한 경영 및 세무컨설팅, 직·간접 투자, 글로벌 진출 타진 등 광범위한 지원이 제공된다. 멘토링 기간 후 데모데이 개최를 통해 사업성을 검증하고, 직접투자, 제휴 액셀러레이터 소개 등 금융 및 비금융 지원을 실시하고 있다.

　성과도 지속적으로 내고 있다. 2020년 10기까지 총 90개 스타트업을 발굴 육성하고 다양한 협업 성공 사례를 만들었다. 선발된 기업 중 일부는 바로 지분투자를 결정하고 스타트업 생태계 활성화를 위해 하나금융그룹 계열사와 적극 연계해 전방위(全方位)의 투자에 나서고 있다.

신한은행의
'신한 스퀘어브릿지'

신한금융그룹은 스타트업 육성 플랫폼인 '신한 스퀘어브릿지'를 서울, 인천, 대구, 대전, 제주 등 전국 주요 도시에 조성해 운영하고 있다. 국내뿐만 아니라 베트남에도 운영하고 있다. '스퀘어브릿지'는 신한금융그룹의 공익법인인 신한금융희망재단이 진행하는 스타트업 육성 프로그램이다.

신한금융은 2018년에 '두드림 스페이스'라는 이름으로 스타트업의 성장을 지원하기 시작했고, 이후 '스퀘어브릿지'라는 이름으로 인큐베이팅과 액셀러레이팅, 오픈 이노베이션, 글로벌 네트워킹 등을 지원하고 있다.

지원내용을 살펴보자. 스퀘어브릿지는 선정된 우수 협업 팀에 상금 총 1억 8천만 원, 팀당 최대 2천만 원을 지원하며, 다양한 참여기업과의 협업 미팅이나 공동 R&D 그리고 시제품 개발 등의 협업 기회를 제공한다. 이에 필요한 협업 전략 수립과 사업 고도화를 위한 컨설팅을 돕는 1:1 코칭과 함께 비즈니스 전문 강의를 제공한다.

사업제안서나 협업 제안 시 필요한 강의를 제공하며 멤버로 참여할 때 특전으로는 신한 스퀘어브릿지 통합 IR, 통합 오픈이노베이션 참여 자격 부여 등의 지원이 제공된다. 업종은 빅데이터, AI 머신러닝, ESG, 헬스케어, AI OCR, 디지털 트랜스포메이션 등 혁신기술 분야를 환영하고 있다.

 '신한 스퀘어브릿지'의 성과도 크다. 스퀘어브릿지는 2022년 현재 5기를 모집하였으며 2023년 상반기 모집도 했다. 창업 7년 미만 법인 대상으로 총 90개사 내외를 선정할 계획이다. 1~4기의 경우 총 참여 스타트업은 103개사, 수요기업은 총 16개사로 농심, 하이트진로, LG전자, 현대건설기계 등이다. 성과를 보면 PoC 19건, MOU 4건, 투자 2건, R&D 및 공도 프로모션 협업 계약 3건 외 4건이 추진 중이다.

 현재까지 480개의 스타트업을 육성했으며 2,997억 원의 투자를 유치하고, 총 1.1조 원 규모의 기업가치 증가라는 성과를 이뤄냈다. 4,600여 명의 일자리 창출 및 유지 성과를 이뤘다. 이런 성과에 발맞춰 스퀘어브릿지는 오프라인 공간을 부산, 광주 등으로 넓혀 나갈 예정이다.

국민은행의
'KB이노베이션HUB'

'KB Innovation HUB센터'는 KB금융그룹 산하 핀테크랩으로 우수 스타트업을 발굴하고 협력 네트워크를 확장하여 KB금융그룹과 스타트업에게 보다 체계적이고 실질적으로 지원하기 위해 2015년 개소하였다.

　　혁신적인 아이디어를 가진 우수 스타트업을 상시 발굴하여 KB금융그룹과 함께 동반 성장할 수 있는 기회를 제공하고 KB금융그룹과의 제휴/투자 연계를 통해 우수 스타트업이 빠르게 서비스를 확장하고 스케일 업을 할 수 있도록 지원하며, 국내외 스타트업 생태계의 협력 네트워크를 확대함으로써 우수 스타트업에 대한 체계적이고 실질적인 도움을 제공한다.

　　'KB이노베이션허브'의 지원내용을 보자. KB스타터스는 KB이노베이션허브에서 운용하는 스타트업 멤버십 프로그램으로 KB금융그룹과의 제휴/투자 연계와 공간 지원 등을 통해 우수 스타트업을 집중 육성하고 있다. KB금융그룹의 투자지원은 CVC펀드와 KB 계열사를 활용한 투자 지원과 KB스타터스 선정 후 2개월 내 IR 기회 제공, 사업화 지원, 협업 공간 지원, 글로벌 스케일 업 프로그램, 멘토링 등을 지원하고 있다.

　　성과도 상당하다. 2021년 기준 'KB이노베이션허브'가 선정한 KB스타터스 기업 수는 156개, 누적 제휴 건수는 228건, 누적 투자 규모는 1,077억 원이다. KB금융그룹 투자지원 규모는 2018년 7월 금융권 최초 CVC펀드인 'KB디지털혁신성장신기술조합펀드'를 조성하고 2021년 12월 3,000억 원 규모 'KB디지털플랫폼펀드'를 조성하였다.

KB스타터스 제휴는 계열사의 다양한 시각을 반영하여 미래 가능성 있는 기업과의 연계를 통한 스케일 업 기회를 제공하고자 은행, 저축은행 등 계열사와의 제휴건수가 228건이고 협업공간은 강남허브와 관악허브 두 곳에서 실시하고 있다.

KB스타터스 지원

자료 : KB금융그룹, HUB_소개자료

Woori은행의
'온(On)택트 해커톤'

우리은행은 예비 스타트업 창업자들의 성장 프로그램 '프로젝트 블루
아워(Project Blue hour)'의 첫걸음인 '우리은행 온(On)택트 해커톤'
프로그램을 운용하고 있다.

'프로젝트 블루아워'는 태양이 솟아 세상이 빛을 보기 직전의 새
벽시간으로 아직 빛을 보기 전의 미완성 스타트업 기업이지만 우리은행
의 블루아워를 통해 세상의 혁신을 이끌어내는 기술력으로 온 세상에
빛이 되자는 의미이다.

창업 이전 아이디어 단계부터 유니콘 기업으로 성장할 때까지 기
술개발, 창업, 투자 등 전 과정을 지원하는 새로운 방식의 스타트업 지
원 사업이다. 기존 지원 사업이 아이디어 발굴, 포상, 공간 제공 위주였
다면, '프로젝트 블루아워'는 예비 창업자가 은행 직원으로 채용돼 은행
내부 시스템을 직접 활용, 본인의 아이디어를 검증할 수 있는 기회까지
주어지는 색다른 포맷으로 구성되어 있다.

'온택트 해커톤'은 우리은행에서 핀테크 스타트업을 꿈꾸는
예비 창업자 등용문으로 창업 이전 아이디어 단계부터 유니콘 기
업으로 성장할 때까지 기술개발, 창업투자 등 전(全)과정을 지원

하는 스타트업 지원 사업이다.

　　해커톤(hackathon)은 해킹(Hacking)과 마라톤(Marathon)의 합성어로 다양한 분야의 사람들이 팀을 이뤄 마라톤처럼 일정한 시간과 장소에서 프로그램을 개발하는 대회이다. 대회의 주제는 '디지털 금융을 선도할 혁신적인 서비스'로 대회 참가자들은 우리은행 API와 AWS(아마존웹서비스)의 AI기술 등을 활용해 다양한 서비스 개발을 진행하게 된다.

　　지원 내용을 살펴보자. 참가자들의 아이디어가 구체적인 결과물로 이어질 수 있도록 관련 교육도 온라인으로 제공된다. 대회심사를 거쳐 총 10팀을 선발하여 총 2,000만 원의 상금을 수여하며, 특전으로 수상자 전원에게 우리은행 입사 지원 시 서류전형을 면제해준다.

　　또 개발환경 지원을 위한 기술개발 공간(Unique' On)을 제공하고 입주자 중 개발 우수인력에게는 우리은행 전문 인력 지위 부여 등 기술개발 및 검증까지 다방면으로 기술의 완성도를 높일 수 있는 기회가 주어진다. 향후 참가자가 법인 설립 시 지분투자 및 우리금융그룹의 스타트업 지원 프로그램인 '디노랩' 연계를 통해 지속적으로 성장을 지원하고 있다.

농협은행의
'NH디지털 챌린지 플러스
(Challenge+)'

농협은행의 'NH디지털 챌린지 플러스'는 시장에 도전(Challenge)하는 기업들의 가치를 '성장상승(+)'시키는 맞춤형 전문 스타트업 육성 프로그램이다. 스타트업의 빠른 성장과 후속 투자유치를 위한 전문 액셀러레이팅 프로그램으로, 범(汎)농협 계열사 및 다양한 기업과의 협업 기회를 제공하고 있다.

우대분야는 AI, 메타버스, 마이데이터, 블록체인, 레그테크, 유통/커머스, ESG 등이며, 전문 멘토링, 역량강화 세미나, 오피스아워, NH밋업, 챌린저스밋업, 데모데이, 오픈비즈니스데이 등의 프로그램을 운영하고 있다.

농협이 스타트업과 인연을 맺은 것은 2015년 금융권 최초로 'NH핀테크혁신센터'를 개소하면서부터 농협 본사가 위치한 서울 서대문에서 4~5개 스타트업 지원 사업을 시작으로 미래 먹거리 사업 준비에 들어갔다. 이후 농협의 스타트업 간 상생의 장으로 발전하여 새로운 기술을 가진 스타트업이 성장할 수 있는 최적의 오픈 이노베이션 공간으로 평가받고 있다.

지원내용을 살펴보자. 선정 기업에게는 범(汎)농협 계열사와의 사업 제휴와 데모데이 참여 및 우수 기업 초기 자금투자 등의 기회를 제공한다. 기본 6개월 동안 양재NH디지털캠퍼스 내 프라이빗 오피스와 미팅룸 등 업무 공간을 제공하며 세미나 · 오피스아워 · 멘토링 등 기업 운영에 필요한 육성 프로그램도 지원한다.

상당한 결실도 있다. 농협은 'NH디지털챌린지플러스'를 통해 매 기수별 30~40개의 스타트업을 선발했다. 선정된 스타트업에는 공간 지원을 비롯해 경영진단 및 멘토링, 데모데이, 투자유치도 진행되고 농협자체 투자는 물론 계열사 간의 업무 제휴도 이뤄졌다. 지속적인 지원이 필요하다고 판단되는 팀은 연장된다.

신용보증기금의 스타트업 NEST

신용보증기금의 '스타트업 NEST'는 신보의 축적된 창업기업 지원 경험을 바탕으로 국내 최고 수준의 민간 액셀러레이터 10개사와 함께 '액셀러레이팅 〉금융지원 〉성장지원'의 단계적 지원을 제공하는 스타트업 육성 플랫폼이다.

신보 스타트업 NEST는 4차 산업혁명 관련 혁신성장 분야를 영위하는 3년 이내 창업기업(예비창업자 포함)으로 소셜 벤처 전형, 핀테크 특별 전형 등 총 4개 전형을 통해 120개의 유망 스타트업을 선발해 일정기간(약 5개월) 체계적인 육성 프로그램을 진행하고 있다.

지원내용으로 신보는 선정된 기업에게 보증·투자 등 금융지원과 해외진출 창업 공간 지원 등 비(非)금융서비스를 원스톱으로 제공한다. 특히 자체 투자유치 플랫폼인 '유커넥트(U-Connect)' 데모데이를 온·오프라인으로 상시 개최하는 한편, KOTRA, 창조경제혁신센터, 대기업 등과 연계해 성장단계별·기업특성별 맞춤형 서비스도 지원한다.

(예비)혁신적인 기술창업 아이디어를 보유한 예비 창업자의 사업화 지원 (초기)유망 창업아이템을 보유한 초기 창업기업을 대상으로 사업화 자금 지원과 지원 프로그램을 통해 사업 안정화와 성장지원을

추진하고 있다. (도약)유망 기술창업 아이템을 보유한 도약기 창업기업의 비즈니스 모델을 혁신하고 제품서비스 고도화를 지원하여 스케일 업을 촉진하고 있다.

- (예비) 사업화 자금(최대 1억 원, 평균 0.5억 원), 지원 프로그램(창업교육, 멘토링 등)
- (초기) 사업화 자금(최대 1억 원, 평균 0.7억 원), 지원 프로그램(연합IR, 창업아이템 개선 등)
- (도약) 사업화 자금(최대 3억 원, 평균 1.2억 원), 지원 프로그램(도약단계 특화 프로그램 등)

'스타트업 NEST'의 성과도 지속적으로 도출되고 있다. 스타트업 네스트는 12기까지 총 5,679개 기업이 응모해 6.6대 1의 높은 관심을 받고 있으며, 1,260개의 유망 스타트업을 발굴해 신용보증 2,229억 원, 직접투자 222억 원을 지원하고 있다.

기술보증기금의
벤처캠프

'기보 벤처캠프'는 기술보증기금이 보유하고 있는 기술평가 인프라를 활용하여 민간 액셀러레이터, 클라우드 펀딩 중개업자 등 민간과의 협업을 통해 신생 벤처기업을 집중 보육 지원함으로써 성공 창업을 견인하고 좋은 일자리를 창출하는 액셀러레이팅 프로그램이다.

CAMP의 의미는 Competitiveness Accelerating Management Program(신생벤처기업의 경쟁력 강화 프로그램)이다. 2017년 7월 이후 지속하고 있다.

지원내용을 살펴보면, 기보 벤처캠프 참여기업에 대하여 ▲멘토링, 교육, 컨설팅, 네트워크 지원 등 액셀러레이팅 ▲특허 및 사업화 촉진 전략, 기술거래, R&D 지원과 같은 비(非)금융지원 ▲매출 실적과 관계없이 최대 2억 원까지 보증지원 ▲보증비율 95% 적용 및 보증료 0.2%p 감면 ▲상위 25% 이내 우수 참여기업에 대해서는 최대 15억 원의 보증한도 부여와 기술평가료 면제 등의 혜택을 부여하고 있다.

'기보 벤처캠프'의 성과가 크다. 2021년 전국단위 모집에 768개 기업이 기보 벤처캠프(제8기,9기) 참여 신청을 하였고 1차 서류평가, 2차 PT평가를 통해 최종 100개 기업을 선정하였다. 선정된 참여기업에 대해서는 액셀러레이터, 클라우드 펀딩 중개업자, 금융기관 등 민간기관들과의 협업을 통한 시너지 창출 체계를 구축하고 다양한 금융 · 비금융 서비스를 지원하고 2021년에는 총 100개의 참여기업 중 91개 업체에 대해 190억 원 보증, 1개 업체 대해 5억 원 투자를 통한 금융지원을 하였으며 6개 업체에 대해서는 기술이전을 통한 비(非)금융 지원을 하였다.

기보벤처캠프 수료 현황

	2017 (1기)	2018 (2,3기)	2019 (4,5기)	2020 (6,7기)	2021 (8,9기)
신청자 수	239	393	801	852	768
수료자수	30	96	105	103	100

자료 : 기술보증기금 연차보고서

은행권 청년창업재단
기업가정신센터(D. CAMP)

은행권 청년창업재단은 청년세대 창업지원을 통한 일자리 창출에 기여하고자 은행연합회 사원기관 19개 금융기관(설립 당시 20개 기관)이 2012년 5월 설립한 국내 최대 규모의 창업재단이다. '미래를 향한 투자', '성장을 돕는 공간', '세계와 지역의 연결'이라는 창업 생태계의 3대 요소를 유기적으로 연결하여 다양한 창업지원 활동을 수행하고 있다.

'디캠프'는 은행권 청년창업재단이 운영하는 국내 최초의 복합 창업 생태계 허브로 2013년 3월 창업에 도전하는 청년들을 적극 응원하고 일자리 창출에 기여하기 위해 설립되었다.

미래를 이끌 초기 스타트업에 꾸준히 투자하고 안정적인 오피스 공간뿐만 아니라 다양한 기업이 모여 소통하고 교류할 수 있는 공간을 제공한다. 또한 국내외 투자와 사업 파트너사와의 네트워킹을 통해 창업가들이 꿈을 실현할 수 있도록 돕고 있다.

2020년 7월 디캠프가 더 많은 창업가를 응원하기 위해 새롭게 오픈한 공간이다. 민간투자 파트너사와 함께 스타트업의 성장을 돕는 프로그램을 운영하고 있다. 국내 최대 규모의 창업지원센터로 130개 이상의 기업이 입주할 수 있고 편안한 업무환경을 위해 복지공간과 편

의시설도 갖추고 있다.

창업교육, 훈련, 업무 공간 제공 등 청년창업을 위한 인프라 구축을 위해 운영되며, 청년 창업기업과 일자리 창출 및 성장 저변 확충 등 창업 성장 생태계 조성 효과를 기대할 수 있는 기업에 대한 투자를 실시하고 있다. 2013년부터 매월 마지막 주 목요일에 진행하는 데모데이로 잠재력 높은 스타트업이 한 단계 더 도약하는 데뷔 무대로 자리 잡았다. 본선에 진출하면 최대 3억 원의 투자를 받을 수 있는 기회와 디캠프 및 프론트원 입주 자격이 주어진다.

디캠프는 IBK기업은행, 한국산업은행, 농협은행, 신한은행 등 19개 출연기관의 출연금 8,450억 원으로 운영되고 있다. 2021년 3월 기준 월간 데모데이는 84회 개최, 지원기업은 5,379개, 본선 진출 기업 433개, 참여한 투자사 및 청중은 12,518명이었다. 국내외 우수기관과 파트너십을 체결한 협력기관은 43개, 해외 각국의 투자청, 무역센터 등 공신력 있는 파트너사와 함께 초기 시장 탐색부터 사업화에 이르기까지 필요한 네트워크를 조성하기 위해 노력하였다. 협력 국가는 32개국, 협력기관은 104개, 프로그램 참석자는 약 600명에 달하고 있다.

디캠프는 다양한 직·간접 투자로 스타트업의 성장과 성공을 지원하고 있으며 투자진행 기업은 130개, 투자금액은 152.7억 원 후속투자를 유치한 금액은 2,605.3억 원이다. 더 많은 스타트업이 후속 투자 유치 및 성장에 도움을 받을 수 있도록 창업지원펀드를 직접 조성하거나 다양한 펀드에 투자자로 참여하여 간접투자를 진행하였다. 투자펀드 수는 25개, 펀드 약정 금액은 7,492억 원, 누적 납입금액은 4,725억 원으로 전체 펀드규모는 10조 6,103억 원에 달한다. 주요 펀드는 '은행권 스타트업 동행펀드', '프론트 원 펀드', '핀테크 혁신펀드' 등이다.

제2부

국내 스타트업 육성 프로그램

2장

정부·공공기관은 스타트업의 든든한 지원군

정부·공공기관의
지원 개요

청년들이 창업하면 무조건 정부의 지원을 받는 것은 아니다. 정부는 지원받을 수 있는 창업의 개념을 정하고 있다. 먼저 정부가 지원하는 창업은 중소기업을 새로 설립하여 사업을 개시하는 것(개인은 사업자등록, 법인은 법인등록)을 말하는데, 다음의 사항은 제외된다.

- 타인으로부터 사업을 승계하여 동종 사업을 계속하는 경우(기존 기업 임직원이 분사하는 경우는 제외)
- 개인사업자가 법인으로 전환하여 동종 사업을 계속하는 경우
- 법인이 기업 형태(주식, 유한, 합자, 합명)를 변경하여 동종 사업을 계속하는 경우
- 폐업 후 동종의 사업을 다시 시작하는 경우

창업자는 다음의 업종을 영위하지 않는 자 중에서 창업 후 7년 이내인 자이다.

- 숙박·음식점업(호텔업, 휴양콘도 및 상시근로자 20명 이상 법

인인 음식점업 제외)

- 금융·보험업
- 부동산업
- 무도장 운영업
- 골프장·스키장 운영업
- 기타 갬블링·베팅업
- 기타 개인 서비스업(산업용 세탁업은 제외)

정부는 단계별 창업지원 정책을 수립해서 집행하고 있다.

창업 정보는 K-스타트업(www.k-startup.go.kr)에서 제공하고 있다. 창업자를 위한 창업지원 시책, 창업사업, 창업교육, 창업기반시설 및 공간 등 창업정보를 종합적으로 제공하고 있다.

그 중 대표적인 몇 가지 사례를 소개하고자 한다.

창업교육

① 청소년 비즈쿨

열정, 도전정신 등을 갖춘 융합 형 창의인재 양성을 위해 초·중·고교생을 대상으로 모의 창업 등을 활용한 기업가정신 교육을 실시하는 과정이다.

지원 대상은 초중등교육법 제2조에 해당하는 초·중·고등학교, 특수학교, 대안학교, 영재교육진흥법 제6조에 해당하는 영재학교, 학교 밖 청소년 지원에 관한 법률 제12조에 해당하는 학교 밖 청소년 지원센터, 초중등교육법 시행령 제54조에 의거하여 지정된 대안교육 위탁교육기관이다.

지원내용은 다음과 같다.

- (비즈쿨 학교 운영) 청소년과 밀접한 공간인 학교에서 기업가 정신 관련 교육, 체험활동, 창업동아리 등을 지원
- (체험 활동 운영) 초·중·고등학생의 수준에 맞는 체험 형 프로그램 및 캠프, 비즈쿨 페스티벌을 개최하여 기업가적 마인드

함양 및 창업 실무지식 습득
- (기업가정신 교육 지원) 담당교사 온·오프라인 직무연수 지원, 기업가정신 관련 교재·콘텐츠를 개발하여 전국 비즈쿨 운영학교에 보급

비즈쿨 운영학교를 선정해서 실시하는데, 사업 참여 접수는 보통 1~3월에 한다. 신청은 k-스타트업 홈페이지(www.k-startup.go.kr)를 통한 온라인 신청·접수 받는다.

② 창업에듀

온라인 창업교육 플랫폼 '창업에듀'를 통해 창업자가 필요로 하는 핵심 이론과 실무 강의를 제공하고 대학, 기업, 공공기관 등을 대상으로 기관별 교육 목적에 맞는 패키지 과정, 맞춤형 서비스 등을 지원한다.
지원대상은 창업교육을 필요로 하는 (예비)창업자 또는 창업교육이 필요한 기관(대학, 공공, 민간기업 등)이다.

지원내용은 온라인 창업교육 플랫폼 창업에듀(http://www.k-startup.go.kr/edu/edu/)를 통해 온라인 강좌, 패키지 과정, 맞춤형 서비스 등을 제공한다.

- 온라인 강좌 : 창업자가 필요로 하는 창업 관련 이론 및 실무, 실제 사례 중심의 강의를 핵심 위주로 구성하여 15분 내외의 '마이크로 러닝(Micro Learning) 강좌'를 제공한다.
- 패키지 과정 : 창업교육이 필요한 대학, 기업, 공공기관 등을

대상으로 기관별 교육 목적에 맞는 교육 과정을 개설해주고, 학습자의 교육 이수조건 충족 시 수료증 발급 등을 지원한다.

- 맞춤형 서비스 : 창업역량 자가진단 기능, 맞춤 강좌 추천 기능, 1:1 상담 등을 지원한다.

연중 상시로 신청하고, k-스타트업 홈페이지(www.k-startup.go.kr) 회원가입 후 교육 수강이 가능하다(수강료 무료).

③ 혁신창업스쿨

(예비)창업자 대상 기술 아이디어를 빠르게 구현할 수 있도록 창업 기본교육, 맞춤형 멘토링, 시제품 제작 및 시장검증 등을 지원하여 준비된 창업자 양성하는 과정이다.

지원내용은 온·오프라인 창업교육 및 멘토링, 최소 요건 제품 제작 등으로, 교육비는 무료이다.

- 혁신창업스쿨 : 비즈니스 모델 구체화 및 사업계획 수립 지원을 위한 창업 기본교육 및 실습교육 지원 (2단계 선정자 대상 교육비 500만 원 지원)
- 딥테크스쿨 : 미래 첨단기술과 인문학 이해를 바탕으로 창의적 아이디어를 공유·발굴하고 실현가능한 모델로 발전하도록 창업교육, 토론식 수업, 모의 경영체험 지원을 한다.

K-스타트업 홈페이지(www.k-startup.go.kr)를 통한 온라인 신청·접수를 받아 평가를 거쳐 선정한다.

④ 창업중심대학

창업지원 역량이 우수한 대학을 '창업중심대학'으로 지정하여 대학 발
(發) 창업을 활성화하고 지역창업 허브 역할을 수행하기 위한 사업으로
지역별 예비창업자 및 창업기업 성장을 지원하는 프로그램이다.
　　지원대상은 예비창업자와 창업기업이며, 지원내용은 사업화자금,
멘토링, 투자유치, 글로벌 진출 등 역량 강화 프로그램을 지원하고 있다.

- 사업화자금 : 창업기업 대상 성장단계별로 창업 사업화 자금
  지원. 예비창업자는 (예비) 사업자등록 전, (초기) 업력 3년 이
  내, (도약기) 업력 3~7년
- 프로그램 : 대학의 역량을 활용하여 지역 청년들의 기업가정신
  을 촉진하고 창업기업의 역량 강화를 위한 성장 프로그램 제공

　　주요 특징은 대학이 보유한 창업 인프라와 권역별 협력기관 협업
네트워크를 활용하여 (예비)창업자 대상 다양성·연속성을 갖춘 프로
그램을 지원하는 것이다.
　　K-Startup 누리집(www.k-startup.go.kr)을 통해 온라인으로
신청·접수받으며, 제출 서류는 사업계획서 등이다.

창업진흥원 K-스타트업센터·
스타트업파크·창업존

창업진흥원은 중소벤처기업부와 함께 스타트업 육성을 위해 예비창업, 초기창업, 창업도약, 재도전 등 수준별 맞춤형 지원체계를 구축하고 창업교육부터 사업화지원, 판로개척, 해외진출, 민관협력 등 사업 전반에 걸친 창업지원 프로그램을 구성하고 있다. 창업진흥원은 예비창업자부터 7년 이내 창업기업까지 성장단계별 맞춤형 프로그램으로 멘토링, 투자유치, 창업교육, 디자인 개선 등 다양한 지원을 한다.

창업진흥원 'K-스타트업센터(KSC)'는 해외진출을 준비한 업력 7년 이내의 창업기업을 대상으로 모집하고 있다. 지원규모는 2022년 기준 77억 원으로 약 80여 개 회사를 모집한다.

KSC 액셀러레이팅은 국내 2주, 매칭 4주, 해외 8주 등의 과정으로 진행되고, 해외 진출 자금 6,000만 원과 현지 법률·회계·노무 컨설팅을 제공하고 현지 사무공간을 제공한다. 운영국가는 미국, 스웨덴, 핀란드, 프랑스, 이스라엘, 싱가포르, 인도 등 7개국이다. 각 국가별 창업생태계를 고려한 특화 업종에 적합한 창업기업을 선정하여 지원하고 있다.

'스타트업파크'는 창업자와 투자자, 대학 등이 열린 공간에서 교류·협력하는 개방형 혁신 창업 거점이다. 중소벤처기업부, 창업진흥원, 지방자치단체, 민간 공동으로 2019년부터 스타트업파크 단독형과 복합형을 인천, 대전, 천안, 경산 등 4곳을 선정하고 있다.

단독형은 네트워킹 및 주거 등의 인프라가 잘 돼 있어 혁신창업 거점으로서의 기능을 즉시 실행할 수 있는 곳에 구축하고 복합형은 한 국판 뉴딜 프로젝트 중 그린뉴딜 사업의 하나로 그린 스타트업 타운을 조성하고 국토부의 도시재생뉴딜사업과 연계하여 기업지원 인프라와 생활형 인프라를 함께 조성한다.

일례로 천안 복합형 스타트업파크는 천안역세권에 국비 300억 원을 포함해 총사업비 약 833억 원을 투입해 조성될 예정이다. '그린 · 디지털 뉴딜 형 이노스트(INNOST)'를 주제로 주거, 기술지원, 입주 공간, 문화생활, 교육을 한 곳에서 누릴 수 있는 도시재생어울림타워와 INNOST타워를 건립할 계획이다. 지역 내 14개 대학은 물론 강소연구 개발특구, 지역 내 산업단지 그리고 중소벤처기업부 충청연수원 등 각종 지역산업 연계를 통한 시너지 효과가 기대된다.

창업진흥원 '창업존'은 예비창업자와 업력 7년 이내의 창업기업을 대상으로 모집하고 있다. 지원규모는 2022년 기준 61.6억 원으로 약 110여 개 회사를 모집한다. 지원은 창업존 내 인프라를 통해 3D 시제품 제작, 통 · 번역, 멘토 매칭, 투자, 글로벌 진출 지원 등 스케일 업 프로그램을 운영하고 AC(Accelerator), VC, 투자자, 창업기업 등이 교류하는 네트워킹을 제공하고 있다.

창업진흥원
성장 단계별 패키지

① 예비창업패키지

혁신적인 기술을 갖춘 예비창업자의 사업화를 위해 자금과 창업교육, 전문가 멘토링 등을 지원하는 프로그램으로, 사업화자금, 멘토링, 비즈니스 모델 고도화 및 시제품 제작 등을 지원하여 창업 성공률을 높이고 있다.

지원내용을 보면, 사업화 자금으로 사업화 추진을 위한 재료비, 외주용역비, 마케팅비 등에 활용할 수 있도록 최대 1억 원(평균 5천만 원)을 지원하고, 특화 프로그램으로 예비창업자의 성공적인 창업사업화를 위해 BM 고도화, MVP 제작, 후속연계 등을 지원한다. 예비창업자 대상 멘토링 및 사업화·후속 연계 지원을 하는 게 주요 특징이다.

지원대상은 기술 기반 창업을 준비 중인 예비창업자이다. 신청방법은 K-Startup 홈페이지를 통해 온라인 신청하면 된다.

심사·평가 주요 내용은 창업 아이템 개발동기, 사업화 전략,

주요 지원 절차

예비창업자 선발		창업교육		전담멘토 매칭		바우처 지원
일반, 특화 분야	▶	비즈니스 모델 등 기초교육	▶	'창업경영 전문가' '예비 창업자' 매칭	▶	사업화자금 최대 1억 원 지원
주관기관		전담 &주관기관		주관기관		전담멘토&주관기관

자료 : 중소벤처기업부

시장 진입과 성과 창출 전략, 대표자 및 팀원의 역량 등이므로 잘 준비해야 한다.

② 초기창업패키지

유망 초기 창업 기업(창업 3년 이내)을 대상으로 사업화 자금, 초기 창업 프로그램 등을 제공하여 기술혁신 및 성장을 지원하여 기업의 안정화와 성장을 지원한다. 지원 대상은 창업 3년 이내 기업이며, 지원 내용은 다음과 같다.

- 사업화 자금 : 사업화 추진을 위한 재료비, 외주용역비, 마케팅비 등에 활용할 수 있도록 최대 1억 원(평균 7천만 원) 지원
- 초기 창업 프로그램 : 주관기관별 특화 분야 및 전문성을 고려하여 시장 진입, 초기 투자, 실증 검증 등을 지원

홈페이지(www.k-startup.go.kr)를 통해 온라인 신청 · 접수받

으며, 제출 서류는 사업계획서, 발표자료, 사업자등록증 등이다.

심사·평가의 주요 내용은 요건 검토 〉 서면 평가 〉 발표 평가 순으로 한다.

요건 검토는 사업계획서, 증빙서류 등을 확인하여 신청 자격, 제외 대상 여부를 검토하고, 서면 및 발표 평가는 제품·서비스 개발 동기, 시장 진입과 성과 창출 전략 등을 종합적으로 평가한다.

③ 창업도약패키지

업력(業歷) 3년 초과 7년 이내 창업기업에 대해 사업 모델과 제품·서비스 고도화에 필요한 사업화 자금과 도약기 창업 프로그램을 지원하여 스케일 업을 촉진하고 있다. 지원 내용을 보면 다음과 같다.

- 사업화 지원 : 사업 모델과 제품·서비스 고도화에 필요한 사업화 자금(최대 3억 원), 도약기 창업 프로그램(후속투자 연계, 글로벌 시장 확대 등) 지원
- 대기업 협업 프로그램 : 사업화 지원 외에 추가적으로 협업 대기업이 운영하는 프로그램(교육·컨설팅, 투자 연계, 국내외 판로, 공동사업화 등) 제공

K-Startup 홈페이지(www.k-startup.go.kr)를 통해서 신청하며, 심사·평가의 주요 내용은 다음과 같다.

- 문제인식 : 제품·서비스 해결 과제, 경쟁자 대비 개선 과제, 고객니즈 개선 과제

- 실현 가능성 : 제품·서비스 개발 방안, 고객 요구 대응 방안, 시장 경쟁력 확보 방안
- 성장전략 : 자금 소요 및 조달 계획, 출구(EXIT) 목표 및 전략
- 팀 구성 : 대표자 및 팀원 보유 역량, 사회적 가치 실천계획, 기술개발 역량

중소벤처기업진흥공단의
청년창업사관학교

'중진공 청년창업사관학교'는 대한민국을 이끌어갈 혁신적인 청년 CEO를 양성한다는 목표로 2011년 3월 안산에서 개교 이래 전국 17개 지역으로 확대하고 있으며, 기술창업 위주 청년 창업자를 선발하여 창업 전 과정인 창업 준비, 창업 실행, 성장 단계, 안정화 단계 과정을 일괄 지원하고 있다.

지원내용을 보자. 청년창업사관학교는 실리콘밸리와 같은 창업 인재를 양성하기 위해 설립됐다. 창업시장에서는 빛도 보지 못한 채 사라지는 청년 창업이 허다했기 때문에 부족한 기업가정신, 창업지식, 경영능력, 자금 등을 위해 성공 패키지를 만들어 실행되었다. 창업 준비와 실행, 성장, 안정화 등 4단계로 나눠 집중적으로 지원하고 있다.

준비단계에서 전문적인 교육이 제공되고 사업계획이 검토된다. 이어 실행단계에선 판매할 시제품이 나올 수 있도록 지원한다. 창업이 이뤄지는 성장단계에선 자금과 마케팅 지원이 제공되며, 마지막 안정화 단계에서는 기업의 성장 발판을 다지는 5년 동안 사후관리를 받게 된다.

그동안의 성과가 괄목한 만하다. 2021년도 10년차를 맞이한 창업

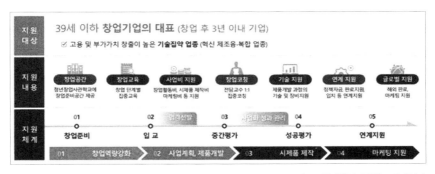

자료 : 청년창업사관학교 홈페이지

사관학교에 투입된 예산 규모는 1,077억 원으로 초창기(180억 원)와 비교해 5배 정도 늘었다. 예산은 사업비, 창업 공간, 창업 교육, 창업 코칭, 기술지원, 연계 지원, 글로벌 지원 등에 쓰인다. 입교기간 중 제품개발과 함께 창업 후에도 수출 마케팅, 투자 컨설팅, 연구개발, 글로벌 진출 등의 지원을 받을 수 있다. 평균 5대 1의 경쟁을 뚫고 입교한 창업가들은 1년간의 고강도 창업 수업을 거쳐 청년 CEO로 첫걸음을 내딛는다.

　　이렇게 배출된 청년 CEO 중 3년차 생존률은 84.6%, 5년차 생존율은 73.4%에 달한다. 지난 10년간 배출된 청년CEO는 5,842명에 달하고, 등록된 지식재산권은 17,747건, 매출액은 7.8조 원을 돌파했으며, 일자리는 17,308개가 창출되었다.

창조경제
혁신센터

창조경제혁신센터는 혁신 창업 허브로서 지속 가능한 성장 원동력인 창업기업을 다양한 정책을 통해 지원하고 있다. 지역 창업 활성화와 기업가 정신 고취를 위한 추진 과제를 발굴하여 운영하고 있다. 예비창업자와 창업기업의 역량 강화를 위한 지원과 관련 기관 프로그램을 연계하고 있다.

 이를 위해 온·오프라인 상담, 멘토링·컨설팅, 사업화 지원, 판로 지원, 투자유치 및 글로벌 진출 등의 창업기업 지원 서비스를 운영하고 있다. 지역의 파트너 기업, 유관기관과의 연계·협업을 통해 혁신적인 창업 생태계를 구축하고 있다.*

 전국 19개 창조경제혁신센터를 통해 지역 인재의 창의적 아이디어 사업화와 창업 등을 지원하는 사업이다. 지원 대상은 예비창업자, 창업 후 3년 미만 기업이고, 지원 내용은 다음과 같다.

- 창업 지원은 멘토링, 창업 교육, 투자 유치 IR, 창업 경진대회,

---

*창조경제혁신센터 홈페이지(creativekorea.or.kr) 참조

창업 세미나, 지역 창업자·기업 간 네트워킹, 마케팅·판로 개척, 글로벌 진출 등 지원, 지역별 창업 생태계 조성 및 활성화 지원
- 원스톱 서비스 지원은 창업 관련 법률·특허·금융·경영(세무회계, 인사노무 등) 원스톱 컨설팅(상담) 서비스이다.

전국 10개 창조경제혁신센터를 직접 방문하거나 창조경제혁신센터 홈페이지(https://ccei.creativekorea.or.kr)를 통해 센터별 운영 프로그램을 확인하고 온라인 신청·접수하면 된다.

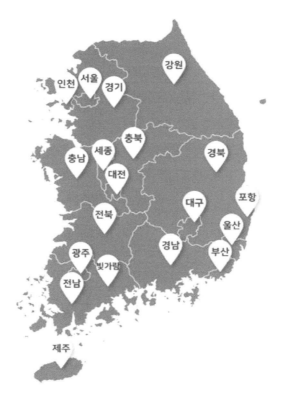

자료 : 창조경제혁신센터

팁스
(TIPS)

TIPS는 'Tech Incubator Program for Startup'의 머리글자를 모은 것으로, 창업 기획자, 초기 전문 VC 등 팁스 운영사가 유망 스타트업을 선별하여 투자·보육하면, 정부가 R&D 자금 최대 5억 원과 창업사업화·해외 마케팅 자금을 각각 최대 1억 원씩 매칭 지원한다. 지원 대상을 보면 다음과 같다.

- 프리팁스 :「중소기업창업 지원법」제2조에 따른 초기 창업 기업으로 사업을 개시한 날로부터 3년이 지나지 않고, 투자를 유치한 2인 이상으로 구성된 초기 창업 기업이다.
- 팁스 :「중소기업창업 지원법」제2조에 따른 창업기업의 대표자로서 사업을 개시한 날부터 7년이 지나지 않고, 2인 이상으로 구성된 창업기업(또는 예비 창업기업)이다.
- 포스트팁스 : 팁스 최종평가 결과 "성공" 판정받은 기업 중 아래 2가지 요건 중 하나 이상을 충족하는 7년 이내 창업기업이다. 신산업 분야의 경우 업력 10년 이내이다.

① 성공기준*의 후속투자를 유치하여 팁스 "성공" 판정받은 기업

② 민간 후속투자 10억 원 이상을 유치한 기업 중 아래 요건 하나
이상을 충족하는 기업

※ '후속 투자유치' 제외 팁스(TIPS) 성공(완료)판정 기준
(5가지 중 1개 이상 달성)〉
① M&A성사 (10억 원 이상),
② 기업공개 (IPO, 코넥스 포함),
③ 기술개발 및 사업화 아이템 관련 연간 매출액 10억 원 이상,
④ 기술개발 및 사업화 아이템 관련 연간 수출액 50만 불 이상,
⑤ 상시 근로자 수 20명 이상

지원 내용은 다음과 같이 다양한 자금을 지원하고 있다.

	지원내용	비고
프리팁스	엔젤투자를 유치한 초기 창업기업 대상 사업 아이템 구체화를 위한 사업화 자금을 1년간 최대 1억 원 지원	전체 지원 규모의 60% 이상을 비수도권 소재 창업기업으로 선발
팁스	운영사의 엔젤투자금(1~2억 원 내외)에 정부의 기술개발(R&D) 자금(최대 5억 원)을 매칭하여 지원하고, 창업사업화 자금(최대 1억 원), 해외 마케팅 자금 (최대 1억 원)을 연계지원, 팁스타운 입주 지원	필요시 운영사별로 지정된 인큐베이터에 입주하여 보육 및 멘토링 등 종합적인 밀착 지원

*팁스 선정 후 후속 유치금이 최근 3년간 국내 벤처캐피탈업계 평균 투자금 이상

| 포스트팁스 | 제품·서비스의 상용화(사업화) 또는 국내외 마케팅 | (판로확대) 등 사업 고도화를 위한 자금을 2년간 최대 5억 원 지원 |

자료 : 중소벤처기업부

팁스는 상시 접수하고(팁스 홈페이지 www.jointips.or.kr 및 각 팁스 운영사 홈페이지), 심사·평가 주요내용은 각 팁스 운영사별 자체 평가(투자 심사) 후 정부 최종 선정평가(정부 최종 선정평가 주요 내용) 기준은 기술성, 사업성, 사업수행 역량 등이다.

프리팁스와 포스트팁스는 K-Startup 홈페이지(www.k-startup.go.kr)를 통해 온라인 신청·접수하고, 심사평가의 주요 내용은 프리팁스의 경우 아이템의 문제 인식, 해결 방안, 성장 전략, 사업성, 기술성 등이며, 포스트팁스의 경우 TIPS 성과, 문제 인식, 해결 방안, 성장 전략, 팀 구성 등이다.

창업성장
기술개발

민간이 주도하는 지역별 혁신성장 생태계 구축, 미래 신산업 기술(딥테크)의 스케일 업을 통한 지속성장 가능성 제고 등 기술창업 저변 확대와 성과 확산 지원 프로그램이다.

지원 대상은「중소기업기본법」제2조의 규정에 의한 중소기업을 원칙으로 하되, 창업 7년 이하이며 매출액 20억 원 미만 창업기업 중 과제별 자격기준을 충족하는 기업이다.

	지원 대상	지원 금액	비고
디딤돌	중소벤처기업부 R&D 첫 수행기업의 기술 개발 지원	1년, 1.2억원이내	
전략형	초격자 기술, 실험실 창업기업, 글로벌 스타트업 등 미래 신산업 기술 보유 및 글로벌 경쟁력을 확보한 창업기업 기술개발 지원	2년, 3억원 이내	
TIPS	창업기획자 등 팁스 운영사가 발굴·투자한 기술창업기업에게 보육·멘토링과 함께 기술개발 지원	2년, 5억원 이내	'23년 바이오 등 미래 선도 분야 지원을 위한 특화형 TIPS 신설 (3년, 15억원 이내)

내역사업	개발기간 및 지원한도	정부출연금 비율	지원방식
디딤돌	최대 1년, 1.2억 원		자유공모
전략형	최대 2년, 3억 원		품목지정
TIPS (특화형 TIPS)	최대 2년, 5억 원 (최대 3년, 15억 원)	80% 이내	품목지정

자료 : 중소벤처기업부

범부처 통합 연구지원시스템(www.iris.go.kr)을 통해 온라인 신청을 받는다.

심사·평가의 주요 내용으로는 접수된 사업계획서 내용, 사업목적과의 부합성 등을 중심으로 평가한다. 신청자격, 기술개발 및 사업화 역량, 과제 중복성, 사업비 계상, 재무제표 등 증빙서류를 확인한다. 사업계획의 타당성·기술성·시장성·사업성 등에 대한 평가도 실시한다.

*디딤돌(창조경제혁신센터 연계)은 지역별·센터별로 별도 안내한다.

재도전
성공패키지

성장 가능성이 높은 (예비) 재창업자를 발굴하여 재(再)창업교육, 멘토링, 사업화 지원 등을 통한 성공적인 재(再)창업 지원 사업이다. 지원 대상은 폐업 이력이 있고 기술창업 아이템 및 사업계획을 보유한 예비 재창업자 또는 재(再)창업 3년 이내 기업의 대표자(사업공고일 기준)이다.

지원 내용은 다음과 같다.

- 제품·서비스 개발에 필요한 시제품제작, 마케팅비 등 사업화 자금 지원
- 실패원인분석, 사업역량 강화를 위한 재(再)창업 교육 및 멘토링 지원
- 재(再)창업기업 입주 공간 제공(별도 평가 예정)

신청·접수는 K-Startup 홈페이지(www.k-startup.go.kr)를 통해 이루어지며, 제출 서류는 사업신청서, 사업계획서, 폐업증명서 등이다.

한편 회생 가능성 높은 기업의 회생 지원 위해 회생 컨설팅을 실시한다. 회생 가능성이 높은 기업의 '채무자 회생 및 파산에 관한 법률'

지원 유형 및 내용

유형	지원내용
일반형	· 제품·서비스 개발에 필요한 시제품제작, 마케팅비 등 사업화 자금 및 재창업 교육, 멘토링 등 지원 · 사업화 자금 최대 150백만 원, 협약기간 8개월
IP전략형	· 특허를 보유한 예비 재창업자 또는 재창업 3년 이내 기업의 대표 · 재도전성공패키지 사업화 지원 외 추가로 지식재산컨설팅* 제공 * (지식재산컨설팅) IP전략수립, 기술적 문제해결 등을 통한 IP 기술 제품화, 특허 권리확보 등 지원 (최대 50백만 원, 특허청)
기업발굴형	· 대·중견기업과 연계하여 재창업기업을 전략적으로 발굴하여 사업화 자금, 재창업교육, 멘토링 및 기업 인프라 지원 (자금, 시설 등) · 사업화 자금 최대 200백만 원, 협약기간 10개월

자료 : 중소벤처기업부

에 따른 회생절차 신청부터 회생계획 인가까지 전문가 상담 및 절차 진행 등을 지원하고 있다.

개인회생(개인)은 중소기업의 대표자로서 개인회생에 대한 지원을 받고자 하는 개인을 대상으로 하고 있다.

기업회생(개인, 법인)은 〉 진로 제시 컨설팅 결과 회생 가능으로 판단된 중소기업 〉 협업법원에 회생사건을 신청한 경우, 사전평가를 통해 '회생 컨설팅 지원 가능'으로 판단된 중소기업 〉 ARS 적용 회생신청을 한 중소기업 중, 협업법원이 사전조사가 필요한 기업으로 추천한 기업이다.

지원 내용을 보면, 개인회생은(기본 중위소득 125% 이하인 자) 대한법률구조공단에서 무료 법률구조를 하고, (그 외 중소기업인)은 재기 컨설팅을 통해 법률대리인(변호사)을 지원한다.

기업회생은 회생 신청부터 회생인가까지 전 과정에 대한 상담 및 자문을 한다.

- 회생절차 개시신청서, 대표자 심문 답변서, 채권목록 작성
- 시부인표 작성, 관리인 조사보고서 자문, 회생계획안 자문
- 관계인 집회 관련 서류, 회계세무 자문 등

이 외에도 서비스 수행에 필요한 경비를 지원한다.

홈페이지(www.mssmiv.com)를 통해 온라인으로 신청·접수하고, 사업신청서, 사업계획서, 신용정보 제공 동의서 및 기타 증빙서류가 필요하다.

---

* 법률구조: 법률적, 경제적 취약계층 대상으로 법률적 지원을 통한 국민의 기본적 인권을 옹호하는 대한법률구조공단 법률 분야의 사회복지제도(법률 상담, 소송대리 등)

현대자동차 H-온드림
스타트업 그라운드/ 제로원

'H-온드림 스타트업 그라운드'는 현대차그룹과 정몽구 재단이 지속 가능한 미래를 위해 사회적 문제를 해결하고자 하는 임팩트 스타트업을 발굴-육성-투자하는 프로그램이다.

- 예비 창업~법인 3년차 스타트업의 시장 검증을 지원하는 'H-온드림 A(Adaptive Incubating)' 트랙
- 연매출 1억 원 이상 스타트업의 성장 가속화를 지원하는 'H-온드림 B(Business Accelerating)' 트랙
- 현대차그룹과 협력해 환경 문제를 해결하기 위한 프로젝트를 지원하는 H-온드림 C(Collective Environment Action)' 트랙으로 세부 운영된다.

현대차그룹과 재단은 'H-온드림 A' 트랙에서 20팀, 'H-온드림 B' 트랙에서 5팀, 'H-온드림 C' 트랙에서 3팀을 선발해 총 28개 팀에게 재정적인 지원에 더해 코워킹 스페이스, 컨설팅, 펠로 네트워크 등을 제공한다.

지원내용을 보면, H-온드림 A 트랙을 통해 2,000~4,000만 원

을, H-온드림 B 트랙을 통해 4,000만~1억 원을, H-온드림 C 트랙을
통해 5,000만~2억 원을 지원한다.

- H:오피스아워(주제별 멘토링), H:컨설팅(맞춤성장 컨설팅), H:
  엑스퍼트(법률, 세무 등 자문), H:리더십(독서모임/세미나), H:
  클래스(전문 강좌) 등 다양한 성장 지원 프로그램을 운영하고,
- 고용노동부와 협력하여 임팩트 투자 네트워킹을 위한 H:IR-
  사회적 경제 행사'를 개최함으로써 선발된 스타트업들을 맞춤
  지원한다.

성과를 살펴보자. 재단의 지난 10년간 H-온드림 스타트업 그라
운드를 통해 지원한 임팩트 스타트업은 294개 팀이며, 일자리 창출은
5,293개, 창업 생존률 84%, 누적 사업비는 191억 원이다. 2027년까지
5년간 1,000억 원 규모 투자, 스타트업 250개 육성, 일자리 6,000개 창
출 등의 목표를 발표하였다. 우선 1,000억 원 규모의 투자지원을 통해
임팩트 스타트업의 안정적인 성장을 도모하고 신규 펀드를 조성해 150
억 원을 직접 투자하고 IR 지원과 인베스터데이 개최 등을 통해 850억
원의 투자를 유치한다. 이를 통해 임팩트 스타트업이 초기자금 부족으
로 인한 어려움을 이겨내고 안정적으로 성장할 수 있도록 한다.

스타트업 250개 육성을 통한 국내 스타트업 생태계의 저변 확대
를 위해서도 노력한다. 고용 성과가 우수한 임팩트 스타트업을 대상으
로 일자리 특화 트랙을 신설하는 등 신규 선발되는 스타트업 수를 2021
년 기준 연간 28개에서 2023년 연간 50개로 대폭 늘려 더 많은 임팩트
스타트업에 기회가 부여될 수 있도록 할 계획이다. 향후 5년간 진행되
는 사업에서는 환경 관련 프로젝트를 수행하는 임팩트 스타트업의 참여

를 늘리고, 해당 프로젝트가 장기적으로 지속될 수 있도록 다양한 인센티브를 지원하는 등 환경 부문의 성과도 강화한다.

'제로원 액셀러레이터'

'제로원 액셀러레이터'는 현대차그룹 내부 현업 팀이 직접 발제한 아이디어를 기반으로 우수한 역량을 가진 스타트업을 발굴해 협업 프로젝트를 구축하고 다양한 혁신기술의 전략적 활용 가능성을 검증 및 개발하는 프로그램이다.

직무에 대한 전문성을 가진 현업 팀들이 스타트업과의 희망 협업 프로젝트 내용을 발제하고 선발 과정에 직접 참여하며, 최종 선발된 스타트업과의 프로젝트를 공동으로 수행하는 등 회사 간 경계를 넘어 기술개발에 대한 시너지 효과를 창출하는 것이 특징이다. 최종 선발되어 현업 팀과의 협업 프로젝트가 성사될 때는 최대 5,000만 원 수준의 프로젝트/PoC(Proof of Concept) 개발비가 지원되며, 해당 스타트업은 '제로원 액셀러레이터'의 지분 투자 검토 대상으로 선정된다. 기존 투자 유무와 관계없이 지원 시점에 법인 설립이 완료된 스타트업에 한해 지원이 가능하다.

2018년부터 시작한 '제로원 액셀러레이터' 프로그램에는 현대자동차그룹 내 7개 계열사 50여 개 팀과 스타트업 40여 개 사가 참여하고 있으며, 현재까지 협업 프로젝트 36건 매칭(상품화 연계 8건 포함), 28개사 대상 지분투자 집행 등 다양한 성과를 내고 있다.

현대(아산나눔재단)
마루 180 / 마루360

아산나눔재단은 정주영 회장 타계 후 10주년을 맞아 2011년 10월 설립되었다. 그 후 10년간 더 나은 세상으로의 변화를 꿈꾸는 사람과 기관을 지원해 왔으며 경영, 리더십, 팀 프로젝트 등 전문교육을 통해 기업가정신을 육성해 왔다. 지향점은 '페이잇포워드(pay it forward)', 기업가정신을 확산하면서 스타트업이 전 세계로 뻗어나가도록 지원하고, 국내 전체 산업 발전으로 이어지게끔 만들겠다는 것이다. 2014년 설립된 '마루180'이 이런 방향의 시발점이었다면 2021년 설립된 '마루360'은 촉매제 역할을 하고 있다. 마루360은 지하2층, 지상11층으로 구성되어 총 2,050평 규모다.

지원내용을 보면, 법인 설립 후 5년 이내의 기업으로 직원 수 최대 8인 이하이면서 벤처기업으로 인증을 받은 기업을 우선 지원하고 있다. 입주기업은 팀별로 최대 1년간 사무공간을 지정받아 사용할 수 있고, 회의실, 휴게실, 수면실, 샤워실, 폰 부스 등도 자유롭게 이용할 수 있다. 입주기업은 회계, 세무, 법무, 보안 등 창업 초기 어려움을 겪을 때를 대비해 전문 서비스와 연계도 가능하다. 또한 전문가 매칭 프로그램 '마루커넥트'를 통해 1:1 멘토링을 받을 수 있다. 스파크랩, 스파크랩벤처스, 캡스톤파트너스 퓨처플레이 등 국내 유수 벤처캐피털과 액셀러레이터 등이 함께 입주해 있어 자연스럽게 네트워킹 기회도 주어진다.

당연히 성과도 나타나고 있다. 아산나눔재단은 총 1,253개 스타트업을 지원했고, '정주영 엔젤투자기금'을 통해 900개 스타트업이 투자 유치에 성공해 여기에 투입한 비용이 1,090억 원이며, 창출금액이 4,486억 원으로 4.89배를 얻었다. 아산나눔재단과 함께한 파트너 수가 1,406명이고, 협력기관은 364곳이다.

삼성전자
C랩 아웃사이드 / C랩

'C랩 아웃사이드'는 삼성전자가 혁신적인 스타트업을 발굴, 지원해 국내 창업 생태계 활성화에 기여하는 프로그램이다. 국내에 등록된 법인 5년차 이내의 스타트업으로서, 메타버스, 블록체인 & NFT, 웰니스, 로보틱스, AI, 콘텐츠 & 서비스, MDE(Multi-Device Experience), 모빌리티, 환경, 교육 등 10개 분야의 차세대 혁신기술을 보유한 스타트업을 지원한다.

    'C랩 아웃사이드'는 선발된 스타트업에게 지분 취득 없이 최대 1억 원의 사업지원금, 전용 업무 공간, 성장 단계별 맞춤형 육성 프로그램, 국내외 IT 전시회 참가, 판로 개척, 투자유치 기회 제공 등을 1년간 제공한다. 투자유치를 위한 사업계획, 디지털 마케팅, 팀 성과 목표관리 등 성장 단계별 맞춤형 육성 프로그램은 지난 4년간 다양한 스타트업을 성공적으로 육성하고 있다. 삼성전자와 사업 협력을 원하는 스타트업에게는 해당 사업부와의 비즈니스 미팅, PoC 등을 통해 적극적으로 연결해준다. 우수 스타트업의 제품을 삼성닷컴과 삼성전자 임직원 복지 사이트에서 판매하는 등 판로 개척도 지원한다.

    그 성과를 살펴보면, 2018년부터 지난 4년간 'C랩 아웃사이드'로 육성한 521개의 스타트업들은 총 1.34조 원 이상의 후속 투자를 유치했고, 100억 원 이상의 투자를 유치한 업체만 20여 개에 달한다. CES 혁신상도 14개나 수상했다. 2021년 기준 중소벤처기업부가 육성 중인 '아기 유니콘' 100개사 가운데 10%가 C랩 아웃사이드 출신 스타트업이다. 아기 유니콘은 유망한 기업을 예비 유니콘(기업가치 1,000억 원 이상 ~1조 원 미만)으로 육성하는 프로그램이다.

SKT 트루 이노베이션 /
테크 콤비네이션

'트루 이노베이션'은 SK텔레콤이 2013년 스타트업 육성을 위해 사업목표 설정부터 서비스 개발과 시장 진입까지 체계적인 지원을 통해 성장을 뒷받침하기 위한 프로그램이다. 인공지능(AI), 모빌리티 등 5G 서비스 특화 분야의 스타트업을 발굴해 육성하고 있다.

데일리호텔, 집닥, APR, 오늘의집 등이 SK텔레콤의 지원 프로그램을 거쳐 탄생한 기업들이다. SK텔레콤은 현재까지 ICT, AI, 메타버스 등 다양한 분야의 스타트업 357개 기업에 2,517억 원의 투자유치를 지원했고, 이들의 기업 가치는 약 1조 원으로 추정된다.

'SKT 테크 콤비네이션'은 SK텔레콤을 포함한 SK ICT 관계사 연구개발 조직이 참여하는 스타트업 협력 프로그램이다. SK ICT 관계사 역량과 기술·인적 자원을 스타트업의 우수한 기술력과 결합해 혁신기술을 개발하고 사업 협력까지 추진한다는 목표로 기획됐다.

ICT 분야의 차별적 기술을 보유한 스타트업은 누구나 지원할 수 있다. 스타트업이 보유한 기술수준, SK ICT와 협력 가능성 등 종합적 평가를 통해 최종 선발된다. SK텔레콤은 2022년 초 스타트업과 기술 협력을 강화하기 위해 R&D 조직 내부에 '테크 콤비네이터' 팀을 신설했다. AI, 사물인터넷(IoT), 클라우드, 양자 등 미래 유망 기술과 메타버스, 로봇, 도심형항공교통(UAM) 등 융·복합 기술서비스 영역에서 대기업-스타트업 간의 기술협력 성공사례를 만들어갈 계획이다.

성과를 살펴보자. SK텔레콤과 KT, LG 유플러스는 ESG 경영 확산을 목표로 하는 'ESG 펀드'를 2022년 결성했다. 이동통신 3사는 '통신 3사 ESG 펀드 조성 협약식'을 하고 ESG 분야 우수 스타트업 지원을 약속했다. 각사는 각기 100억 원씩 출자하여 총 400억 원 규모로 조성됐고, ESG 분야 기술을 보유한 유망 스타트업 육성에 전액 투자된다.

KT 브릿지 랩
(Bridge Lab)

'KT 브릿지 랩'은 스타트업이 사업화 아이디어를 제안하면 KT와 전문 액셀러레이터가 함께 검토하고, 사업협력과 투자 기회를 만들어가는 스타트업 액셀러레이팅 프로그램이다. 2022년 5월 1기 스타트업 9개사를 선발하고 개소하였다.

'KT 브릿지 랩'은 KT와 사업협력 기회 발굴, 사업화 자금 지원, KT 인베스트먼트 및 VC 투자 검토 지원, 수요기반 세미나 및 네트워킹 등의 프로그램도 운영 예정이다. KT 브릿지 랩을 통해 KT 디지코 (DIGICO) 사업과 혁신 스타트업을 연결하여 사업 활성화와 ESG 경영 실천을 통한 기업가치 향상에 기여할 것으로 기대하고 있다.

KT 브릿지 랩은 2022년 4월 1기로 선발된 9개 스타트업과 6개월간의 액셀러레이팅을 마무리하고 파이널 피칭데이를 개최했다. 대상

---

* 디지코(DIGICO) KT란? AI, BigData, Cloud를 기반으로 고객의 삶의 변화와 다른 산업의 혁신을 리딩하는 디지털 플랫폼 기업(Digital Platform Company, DIGICO)을 의미

기업으로는 KT와 도심형 물류센터(MFC) 운영 및 퀵커머스 PoC를 진행한 체인로지스(퀵 커머스 서비스를 위한 4시간당일 도착 물류 배송 서비스 '두발히어로')가 선정됐다. KT는 이들 스타트업과 KT사업부서 간의 성공적인 PoC의 결과를 바탕으로 향후 공동 상품화 등 협력 확대를 이어갈 계획이다.

롯데 엘캠프
(L-CAMP)

'롯데 엘캠프'는 롯데벤처스가 운영하는 대표적인 스타트업 액셀러레이팅 프로그램이다. 초기 벤처 스타트업을 선발해 종합 지원하는 프로그램으로 선발된 기업에게는 초기 투자금과 사무 공간, 경영지원(법률, 회계 등), 분야별 전문가 멘토링 등을 제공한다. 2016년 2월 롯데그룹은 벤처캐피털(VC) 롯데액셀러레이터를 설립하고 스타트업 인큐베이팅 프로그램을 운영하고 있다.

지원내용을 살펴보자. '롯데 엘캠프' 프로그램은 투자심사역이 전담 매니저로 배정되어 비즈니스 성장을 위해 필요한 부분들을 밀착 지원하고, 스타트업과 롯데그룹 계열사를 연결하여 다양한 협업뿐만 아니라 공동투자 및 실질적인 사업 연계를 하고 있다.

롯데액셀러레이터는 푸드, 바이오/헬스케어, 뷰티 등 분야별 특화된 액셀러레이팅 프로그램으로 확장하여 다양한 분야의 스타트업과 접점을 넓혀가고 있다. 기업 당 5,000만 원~5억 원이 투자되고, 2,571억 원 규모의 13개 펀드를 운영하고 있다. 1년간의 엘캠프 프로그램이 끝나는 시점에는 데모데이를 개최하여 후속 투자유치 기회 등을 제공하여 스타트업의 성장을 가속화하고 있다. 글로벌 액셀러레이팅 프로그램을 강화하여 베트남, 실리콘밸리, 일본 등 글로벌 시장으로 진출할 수 있는 유망한 초기 스타트업들을 적극적으로 발굴해 나갈 계획이다.

성과도 크다. '롯데 엘캠프'는 지난 5년간 총 119개사를 선발했으며, 이 스타트업들의 기업 가치는 1조 62억 원을 기록했다. 엘캠프 입주 전(3,070억 원) 기업 가치보다 약 3배 정도 높아졌다. 고용인원도 768명에서 1,382명으로 2배가량 늘었다. 롯데액셀러레이터의 총 운용자산은 1,273억 원 규모로 '롯데스타트업펀드 1호', '롯데-KDB오픈이노베이션펀드', '롯데-프론트원스타트업펀드' 등 총 6개의 펀드를 운영 중이다.

LG 리딩그린 액셀러레이팅/
CNS 스타트업 몬스터

'LG 리딩그린 액셀러레이팅(舊 LG소셜캠퍼스)'는 LG전자와 LG화학이 2011년부터 운영하는 스타트업 지원 프로그램이다. 지원기업 선정 기준은 환경과 관련하여 공익에 기여할 수 있는 사회적 기업이다. 선발된 스타트업은 'LG소셜펠로우'의 지위를 얻게 되는데 LG는 이들이 사회적 기업으로서 사업을 지속가능하게 펼칠 수 있도록 돕고 있다.

해마다 친환경 분야 우수 비즈니스 모델 사회적 경제 기업 'LG소셜펠로우'를 선발해 약 6개월간 성장 가속화 프로그램을 제공하고 있다. 기업들은 비즈니스모델 고도화, 지속가능성 진단, 서비스 디자인, 유통·마케팅, 임팩트 투자·혼합금융 컨설팅 등 통합 액셀러레이팅을 지원받는다.

선발된 기업은 'LG소셜펀드'로부터 초기 사업자금 3,000~5,000만 원을 지원받고, LG계열사와의 협업기회를 얻고, 고려대 서울 안암캠퍼스 내에 위치한 독립 사무공간을 이용할 수 있으며, LG 생산 전문가들의 생산 공정 설계, 물류비 절감과 같은 컨설팅을 받을 수 있다. LG는 기존 LG소셜캠프스에서 '리딩그린 액셀러레이팅'으로 바꾸면서 스타트업 지원을 강화했다.

성과를 보면, 2011년부터 160개 친환경 사회적 경제 기업이 총

108억 원을 지원 받아, 기업 생존율이 95.6%를 기록했고, 이산화탄소 배출을 13만 1,700톤이나 저감하는 등 환경적 성과를 이뤄냈다. 'LG소셜펠로우' 11기 기업은 총 95억 5천만 원의 임팩트 투자사 투자유치에 성공했고, 평균 매출액이 238% 증가하는 성과를 거뒀다. 특허 출원을 비롯한 임팩트기업 인증 및 사업협력(MOU) 46건, 신규 고용창출 59명, 대통령상 · 국무총리상 · 장관상 및 국내외 경연대회 수상도 20건에 달하는 실적을 달성하였다.

'LG CNS 스타트업 몬스터'

'LG CNS 스타트업 몬스터'는 LG CNS가 2018년부터 동사의 사업영역에 활용할 수 있는 기술을 보유한 스타트업을 발굴하고, 미래 전략적 파트너로 육성하는 것을 목표로 하는 사외벤처 육성 프로그램이다. 스타트업 몬스터 신청 기업은 LG CNS 임직원 및 외부 인사들로 구성된 심사위원들에게 기술성, LG CNS와의 협업 가능성, 시장성 등 복합적인 평가를 받아 최종 선정된다.

'LG CNS 스타트업 몬스터'는 선정된 기업에게 ▲1억 원 상당의 개발 지원금 ▲마곡 LG사이언스파크 내 연구 공간 입주 지원 ▲LG CNS 연구개발 인프라/데이터 활용 ▲기술/사업 멘토링 및 협업 기회 제공 등 다양한 혜택을 제공하게 된다.

LG CNS는 2022년 5기까지 스타트업 몬스터 320개사를 지원했다. 스타트업 몬스터는 오픈 이노베이션 전략 일환으로 LG CNS가 DX(디지털 전환) 스타트업에게 6개월간 신기술 기술검증(PoC), 고객사 대상 솔루션 제안 기회, 1억 원씩의 지원금 등의 혜택을 제공한다.

CJ 프로덕트 101 챌린지/
오벤터스 / 인베스트먼트

'CJ 프로덕트 101 챌린지'는 CJ그룹이 2018년부터 2019년까지 중소벤처기업부, 창업진흥원, 서울창조경제혁신센터와 함께 운영해온 작은 기업 발굴육성 프로젝트이다. CJ오쇼핑, CJ올리브네트웍스, CJ E&M 등 CJ그룹 계열사들이 후원하는 이 프로젝트는 성장 잠재력을 갖춘 101개 중소기업을 선정, 사업 역량 강화를 위한 교육과 유통망 확대 등의 지원을 한 뒤 성과에 따라 최종 11개의 기업을 선발하는 프로그램이다.

CJ그룹은 사업 인프라와 노하우를 바탕으로 각 기업 제품의 특성에 따라 적합한 유통채널과 마케팅 전략을 찾아내고, 이를 바탕으로 멘토링과 마케팅, CJ오쇼핑 · 올리브영 입점까지 지원하는 역할을 맡는다. 참가 대상은 뷰티, 리빙, 패션, 푸드, 헬스 · 아웃도어, 키즈 분야 제조업체 중 7년 이내인 기업이다.

1차로 선발된 101개 기업은 유통 · 마케팅 · 무역 교육을 시작으로 국내외 판로 개척에 필요한 전문가 멘토링을 받게 된다. 이어 국내외 시장진출 가능성을 평가하기 위해 우수 제품은 CJ그룹 인프라를 통해 성장 기회가 주어진다. 또 해외 진출에 적합하다고 판단되는 30개 기업은 한류 컨벤션 '2018 KCON LA'에 참가해 제품을 홍보하고 바이어를 만날 수 있다. 이 과정을 거쳐 가장 성공 가능성이 높고 실적이 좋은 기업은 최종 Top 11에 선정돼 올리브영 입점, CJ E&M 방송 PPL, SNS와 MCN(Multi Channel Network)을 활용한 마케팅 등 실질적인 매출 성장과 사업역량 강화를 위한 종합적인 지원을 받게 된다.

　　Top 11에 선정된 기업의 매출(2019년)은 전년대비 105% 상승했으며, 총 15억 원의 해외수출 실적에 투자유치 금액은 약 37억 원에 달하는 등의 성과를 냈다. 참여기업 전체 수출액 역시 약 20억 원으로 전년대비 4배 성장했고, 일부 기업은 최종 평가에서는 탈락했지만 상품성을 인정받아 올리브영에 정식 입점해 좋은 성과를 냈다.

'CJ 오벤터스(O!Vent+Us)'

'CJ 오벤터스(O!Vent+Us)'는 CJ그룹이 2019년부터 2021년까지 서울창조경제혁신센터와 함께 우수한 기술력과 사업모델을 보유한 스타트업을 발굴 지원하는 오픈 이노베이션 프로그램이다.

　　2022년부터는 오벤터스 플러스로 확장하여 성장 가능성이 있는 문화콘텐츠 분야 스타트업을 발굴하여 지속적인 성장을 도모하고자 선배 스타트업의 멘토링, 국내 투자기관 멘토링, 서울창조경제혁신센터의 직접투자 등을 지원하고 있다.

　　지원대상은 글로벌 디지털 콘텐츠, 메타버스, OTT 서비스, 음악/팬덤 플랫폼, 컬쳐플렉스, 멀티스튜디오 등 문화콘텐츠 분야 성장 가능성이 있는 예비창업자(팀) 및 3년 이내 스타트업이다. 선정된 예비창업자(팀)은 8주간의 인큐베이팅/스케일 업 및 1천만 원의 사업화 지원금이 지급되고, 데모데이에는 2,000만 원의 시상과 각종 혜택이 지원된다.

　　CJ가 2019년부터 2020년까지 오벤터스 1~4기 과정을 통해 발굴한 스타트업은 총 29개에 달한다. 이 중 9개사는 CJ계열사(프레시웨이, 대한통운, ENM, 파워캐스트, 올리브네트워스)와 각각 후속 사업을 진행하는 등 사업 연계율 30% 이상을 기록하였다.

'CJ 인베스트먼트'

'CJ 인베스트먼트'는 CJ그룹이 2022년 8월에 스타트업을 육성하고 지원하기 위한 기업주도형 벤처캐피털사로 창립하여 정식 출범하였다. 향후 5년간 CJ 인베스트먼트는 컬처, 플랫폼, 웰니스, 서스데이너빌러티 등 4대 미래성장엔진을 중점으로 두고 신(新)성장 동력 발굴을 위해 총 4,000억 원을 스타트업에 투자할 예정이다. 현재 추진 중인 오벤터스와 같이 우수 스타트업 발굴 기능과 결합시켜 한층 강화할 계획이다. 글로벌 팬덤 비즈니스 전문 스타트업 '비마이프렌즈'에 사업협력을 포함한 전략적 투자를 진행하고 바이오 헬스케어 펀드에 주도적으로 출자하는 등 신사업 및 시너지 발굴에 나서고 있다.

네이버
클라우드 플랫폼

네이버 클라우드는 네이버와 계열사들의 IT 인프라를 지원하는 네이버의 자회사이다. 네이버를 비롯한 수많은 서비스들을 대상으로 한 신속하고 안정적인 IT 인프라 운영 경험을 바탕으로 고품질의 '네이버 클라우드 플랫폼' 서비스를 제공하고 있다.

'네이버 클라우드 플랫폼'은 2018년부터 국내 최대 규모의 클라우드 서비스를 제공하고 있다. 2020년 6월 기준 16개 카테고리(산업 솔루션, 비즈니스 어플리케이션, 시장, 데이터분석, 빅데이타, AI, 오픈 API 등), 156개의 상품, 10개의 글로벌 리전(한국, 미국, 싱가포르, 독일, 홍콩, 일본 등)을 제공하고 있다.

네이버 클라우드 플랫폼 Greenhouse Benefit은 스타트업의 성장에 필요한 클라우드 인프라와 교육, 기술 컨설팅을 제공하는 스타트업 지원 프로그램이다. 네이버 클라우드 플랫폼과 제휴한 엑셀러레이터, 인큐베이터, 혹은 벤처캐피탈 산하의 스타트업이거나 제휴 코워킹 스페이스 입주사라면, 네이버 클라우드 플랫폼의 모든 상품에 사용할 수 있는 크레딧을 제공받을 수 있다.

한국콘텐츠진흥원과 네이버 클라우드는 콘텐츠 스타트업 글로벌 경쟁력 강화 및 성장을 돕기 위해 MOU를 체결하고 국내 스타트업의 콘텐츠를 싱가포르를 비롯한 동남아시아 시장에 적극 소개하고, 유망기업의 글로벌 확장을 이끌고자 한다.

　콘텐츠진흥원의 글로벌 프로그램에 선정된 기업을 대상으로 네이버 클라우드 플랫폼 서비스를 사용할 수 있는 크레딧을 지원한다. 특히 테크인아시아(Tech in Asia) 싱가포르 마켓에 선정된 기업을 비롯한 싱가포르 및 동남아시장 진출을 준비 중인 기업에 우선 혜택이 주어진다. 현재 네이버 클라우드는 싱가포르에 클로벌 거점을 운영 중이며, 선정된 기업은 네이버 클라우드의 안정적인 인프라와 국내 사용자들에게 친화적인 서비스 경험을 현지에서도 이용할 수 있다. 네이버 클라우드는 자사와 제휴한 국내 벤처캐피탈, 액셀러레이터를 대상으로 '그린하우스' 프로그램을 운영 중이며, 콘텐츠진흥원과의 MOU를 통해 지원한 참가자도 이 프로그램의 혜택을 받을 수 있다.

　스타트업의 성장 단계별로 필요한 경영, SaaS(Software as a Service) 교육부터 기술 및 공동 마케팅까지 기업별 약 1,000만 원 규모의 혜택을 참가 스타트업에 지원한다. 또한 그린하우스 외에도 공공 SaaS 보안인증 심사 준비를 비롯해 핀테크 기업 클라우드 독립몰 구축을 위한 메타커머스 솔루션과 업무 플랫폼인 네이버웍스 등도 지원받을 수 있다. 글로벌 공동 마켓, 컨퍼런스, 세미나 참가 기회 등도 주어진다. 특히 네이버 클라우드는 동남아를 비롯한 신규시장 진출 전략을 발굴하고, 콘텐츠진흥원은 스타트업들의 신규시장 진출 수요를 탐색하여 다각도로 스타트업의 성장을 지원한다.

포스코 아이디어
마켓플레이스(IMP)

포스코 아이디어 마켓플레이스(IMP)는 유망 스타트업의 발굴 및 Value-up을 위한 포스코그룹의 Tech Accelerating 프로그램이다. POSCO IMP는 value-up이 가능한 전문성 및 기능성을 갖춘 창업 팀을 모집하고 최고의 보육 프로그램을 통해 No.1을 지향하고 있다.

'포스코 아이디어 마켓플레이스(IMP)'는 2011년부터 시작한 기술기반 벤처 육성 프로그램이다. 전 산업 분야의 예비 창업자 및 법인 설립 3년 미만의 벤처기업을 대상으로 서류심사, 1차 대면평가, 2차 대면평가 및 현장 실사를 걸쳐 창업 팀을 최종 선발한다.

선발될 창업 팀 모두를 대상으로 시드 투자자금 1~5억 원을 지원하며, 우수 보육 팀은 중소벤처기업부의 창업지원 프로그램인 TIPS의 추천을 받을 수 있는 자격이 부여된다. 또한 사업 확장을 위해 포스코 그룹사와 비즈 매칭, 후속투자 기회 제공을 위한 포스코 벤처투자 펀드 연계, 해외진출 지원 등 창업 팀 니즈에 맞는 맞춤형 보육 프로그램을 제공한다. 포스코의 창업 인큐베이팅 센터인 '체인지업 그라운드' 입주 시 가산점이 주어지며, 서울 창업 허브의 사업화(PoC) 지원금, 사무 공간, 투자유치 연계, 해외진출 지원금, 전문가 세미나, VC 1:1 미팅, 홍보활동 등 다양한 혜택을 지원한다.

'포스코 아이디어 마켓플레이스'는 2011년부터 2022년까지 우수 벤처기업을 발굴하고 142개사에 234억 원을 투자하였다.

지원 프로그램 및 혜택

SEED투자	· 선발팀 전원에게 1~5억 원 투자
TIPS프로그램 추천	· 우수 보육팀 대상 정부자금 최대 7억 지원
보육프로그램	· Biz지원프로그램 : 포스코 그룹과 사업연계 및 멘토링 프로그램 제공 · 후속 투자 연계 : 포스코 벤처펀드 후속 투자 연계(씨앗펀드, 성장펀드, 해외펀드 등) · 네트워킹 프로그램 : 전문가 세미나, 개별 VC미팅 등
협력지원	· 서울창업허브협력지원 : 사무 공간 지원, 사업화 지원금, 투자유치 연계, 마케팅지원 등

자료 : 포스코IMP

카카오벤처스

'카카오벤처스'는 2012년에 설립한 투자회사로 벤처회사에 투자하는 회사이다. 성장성과 미래가치가 있는 신생회사들에 투자하는데 왓차, 넵튠, 두나무 등 선행기술, 서비스, 게임 사업 분야를 중심으로 ICT 및 소프트웨어 기업에 집중 투자하고 있다. 초기기업(Seed)부터 성장단계(Series A)에 있는 스타트업에 집중 투자하고 있는 카카오벤처스는 카카오가 100% 지분을 소유하고 있다.

'카카오벤처스'는 포트폴리오 기업, 즉 피투자기업들을 '패밀리'로 부르며 지속적이고 끈끈한 파트너십을 형성해 나가고 있다. 매달 마지막 주 금요일 투자팀장이 직접 오피스아워를 진행한다. 오피스아워는 직접 투자를 진행하는 투자팀장이 해당 스타트업 기업 대표나 창업을 준비하는 사람들에게 조언을 해주는 서비스이다. 스타트업을 운영하면서 발생할 수 있는 다양한 영역의 문제, 의사결정 사항 등을 함께 고민하고 해결을 모색하는 파트너가 되고자 한다. 특히 자체 PR팀을 통한 미디어 노출뿐만 아니라 카카오벤처스 네트워크를 활용해 인재 네트워크도 지원하고 있다. 물론 상황에 따라 후속투자를 통해 포트폴리오 기업의 빠른 성장을 지원하고, 모회사인 카카오와의 사업제휴 기회도 적극적으로 연결하기 위해 노력한다.

'카카오벤처스'는 설립된 지 10년째인 2010년 기준 총 8개 펀드를 통해 3,300억 원을 운용하고, 전체 투자사는 200여 개다. 초기 투자 중심이지만 앞으로는 스타트업의 성장 과정을 지원하는 액셀레이터 역할을 강화하고 후속 투자도 확대할 계획이다. 특히 그간 ICT와 서비스 스타트업을 중심으로 투자했지만 앞으로는 헬스케어에 대한 투자도 확대할 것으로 알려졌다.

카카오벤처스가 공개한 포트폴리오 기업 128개를 살펴보면 유형별로 ▲선진기술 39개 ▲서비스 72개 ▲디지털 헬스케어 12개 ▲게임 5개로 나타났다. 개별기업의 투자 규모와 현재 기업 가치는 알려지지 않았지만 카카오벤처스가 두나무, 당근마켓, 캐시노트 등 유니콘(기업가치 1조 원), 데카콘 기업(10조 원)으로 주목받는 곳에 투자한 만큼 전체 투자자금 3,300억 원의 지분가치는 이미 조 단위를 넘었을 것으로 추정되고 있다.

사내 벤처
육성 프로그램

유망 사내 벤처 팀의 아이템 사업화 및 분사 창업 지원 사업이다. 대기업 등 민간의 역량을 활용하여 유망한 사내 벤처 팀을 발굴하고 사업화를 지원하여 성공률이 높은 기술창업 환경을 조성하는 것이다. 지원 대상은 기업 내부의 사내 벤처 팀이다.

지원 내용은 운영기업이 발굴·추천한 사내 벤처와 분사 창업 기업에게 사업화 자금 및 창업 교육·멘토링 등 성장 지원 프로그램의 제공 등이다.

민간 주도의 창업 프로그램 운영으로 신(新)성장 동력 확보 및 우수 인재의 질 높은 혁신 창업을 유도하는 사내 벤처 문화 확산이 주요 특징이다.

신청은 K-Startup 홈페이지(www.k-startup.go.kr)를 통해 온라인으로 한다. 신청 서류는 사업계획서, 운영(모)기업 추천서 등이다.

		세부지원 내용	비고
직접지원	사업화 자금	창업아이템의 사업화를 위해 소요되는 자금	최대 1억 원
간접지원	운영기업	운영기업의 기술, 테스트, 생산시설, 유통망 등 지원	운영 기업별 상이
	주관 기관	성장 지원 프로그램(맞춤형 멘토링, IR 등) 지원	

대학 창업의 현황과 과제

제3부

**대학 창업의
현황과 과제**

1장

국내 대학

국내 대학의
창업 현황

통계청의 자료에 따르면 2020년 기준, 한국의 창업률은 15.5%로 프랑스(11.3%), 스페인(7.4%), 독일(7.2%) 등의 해외 국가에 비해 높은 편이다. 하지만 소멸률도 11.2%로 높고 생존율이 낮은 편으로 한국 기업의 생태계는 변동성과 위험이 높다고 할 수 있다(통계청).

　　최근 언택트, 디지털 헬스, 디지털 전환 등의 신사업 분야에서 스타트업 기업들이 성장하고 있다. 2021년 7월 기업가치 1조 원 이상으로 평가 받은 마켓컬리는 1,058명을 신규 채용하였다. 이 외에도 2020년 6월부터 2021년 6월까지 1년 새 벤처 및 스타트업 신규채용 인원수가 6만 7,000명에 달하는 등 고용시장에 영향을 끼치고 있다(머니투데이).

　　건강한 창업 생태계를 구성하기 위해 국내 대학은 적극적인 지원 및 제도 개선에 나서고 있으며 2021년 기준 대학알리미의 대학별 학생 창업현황은 아래와 같다.

학교	학생창업현황		
	창업자 수	창업기업 수	
		교내	교외
건국대학교	80	1	76
성균관대학교	72	3	68
영남대학교	65	0	60
인제대학교	65	1	64
한양대학교	60	7	53
인천대학교	58	21	35
대진대학교	57	0	57
한국외국어대학교	51	0	46
홍익대학교	49	0	37
고려대학교	41	6	31

표1 〈2021년 기준 대학별 학생 창업자 수 및 창업 기업 현황 (대학알리미)〉

학교	창업기업 매출액 (원)	창업기업 고용인원 수
건국대학교	4,237,791,321	59
한양대학교	2,610,789,301	109
동아대학교	1,609,316,303	18
성균관대학교	1,327,050,000	104
경기대학교	1,175,646,902	16
서울대학교	1,012,170,420	66
강원대학교	903,830,070	9
국민대학교	734,128,594	31
서울과학기술대학교	690,613,965	35
연세대학교	578,941,397	50

표2 〈2021년 기준 대학별 학생창업기업 현황 (대학알리미)〉

대학알리미의 자료에 따르면 2021년 가장 많은 창업자를 배출한 대학은 건국대학교로 80명이 창업에 나섰다. 이어서 성균관대학교,

영남대학교, 인제대학교, 한양대학교가 60명 이상의 창업자를 배출하였다. 2021년 매출 기준에서 또한 건국대학교가 학생 창업기업 매출액 42억 원을 달성하며 1위를 기록하였고, 한양대학교, 동아대학교, 성균관대학교, 경기대학교가 그 뒤를 이었다.

위와 같이 대학을 통해 다수의 창업자가 배출되며 상당 규모의 매출액이 발생하는 것을 확인할 수 있으며, 현재 국내 대학교의 창업교육 실태를 정리함으로써 현황과 전망을 더 자세히 파악하고자 한다. 구체적으로 제도, 교육, 인사조직, 지원 공간 및 장비, 창업 현황에 대해 살펴보도록 한다.

창업지원
제도

창업휴학제도

창업휴학제도는 창업 활동으로 인한 학업 단절을 방지하기 위해 창업을 위한 휴학을 가능하게 하는 제도이다. 창업휴학제도를 시행중인 학교는 2020년 기준 260개교이며, 창업휴학제도 이용자는 662명이다(창업진흥원).

- 한양대: 1년 단위의 휴학기간을 신청할 수 있으며 최대 3년까지 휴학할 수 있다. 일반유흥주점업, 무도유흥주점업, 기타 사행시설 관리 및 운영업 등의 제외대상 업종을 명시하였다. 신청 대상자로는 대학 창업교육 강좌를 일정 수준 이수한 학생 또는 창업 대표이다(한양대 창업지원단).
- 연세대: 1년 단위로 휴학을 승인하며 최대 2년까지 휴학이 가능하다. 창업휴학제도의 대상으로는 창업기업 대표와 예비창업자(6개월 이내로 본인 명의의 사업자등록증을 낼 예정인 자)가 포함된다(연세대 창업지원단).
- 성균관대: 창업 준비나 운영 등을 위해 휴학 신청이 가능하다.

1회 신청 시 1학기 휴학이 가능하며 재학 중 총 4개 학기까지 휴학할 수 있다(성균관대학교 규정집).

창업대체학점 인정제도

창업 준비활동과 창업을 통해 학습목표 달성이 가능한 경우 정규 학점으로 인정하고 창업으로 인한 학업 중단을 최소화하고자 하는 제도이다. 2020년 기준 창업대체학점 인정제도를 시행중인 학교는 149개교(35.9%)이며, 전년대비 2.8% 증가했다. 반면, 2020년 창업대체학점 인정제도 이용자는 2,229명으로 전년 대비 44.1% 감소했다(창업진흥원).

- 한양대 ERICA : 학점 인정은 1주(40시간)를 기준으로 최소 12학점, 최대 15학점까지 인정해준다. 신청자격으로는 4학기 이상 이수한 학생 중 해당학기 등록을 마친 재학생 또는 휴학생 및 2학기 이상 이수한 편입생, 창업한 기업의 대표가 있다(한양대 ERICA).
- 연세대 : 창업실습과 창업현장실습을 운영하고 있다. 창업실습은 창업을 하지 않은 창업동아리 구성원 중 창업교과를 1개 이상 수료한 학생들을 위한 프로그램으로 학기당 최대 3학점까지, 총 12학점을 이수할 수 있다. 창업현장실습은 사업자등록을 하고 사업기간이 6개월 이상인 학생창업자 대표를 대상으로 하며 학기당 최대 6학점, 총 15학점을 이수할 수 있다(연세대).
- 한밭대학교 : 캡스톤디자인 형 창업동아리 프로그램을 운영 중으로 기술스타트업 융합전공의 캡스톤디자인 수강으로 창업동아리 활동의 학점(2학점)을 취득할 수 있다. 동아리 당 최대 500

만 원의 운영지원비를 지원하고 있다(한밭대학교 창업지원단).

창업 강좌 학점교류제도

창업 학점 교류 협정을 맺은 대학 간에 창업 강좌로 지정된 타 대학의 강좌를 수강하는 경우 학점으로 인정하는 제도이다. 2020년 기준 창업 강좌 학점교류제도를 시행한 학교는 101개교(24.3%)이며 전년 대비 3.1% 증가하였다. 개설 강좌는 738개이며, 총 수강인원은 5,496명이다 (창업진흥원).

- 중앙대학교 : 강릉원주대, 대전대, 한밭대와 중부권 창업교육 거점대학 상호협력 업무협약(MOU)을 체결하면서 대학 간 연계를 통해 창업학기제 운영 효율성을 높일 수 있는 방안을 마련하였다(한국청년기업가정신재단).
- 한양대 ERICA : 창업교육을 용이하게 이수할 수 있도록 경인 지역 대학 간의 학생 교류와 창업 학점을 상호 인정하는 학점 교류제도를 운영 중이다. 학기 또는 방학 중에 개설되어 있는 창업 교과 과정을 학기당 6학점 이내, 졸업 시까지 최대 21학점 이수할 수 있다(한양대 ERICA 창업교육센터).

창업 장학금

창업 장학금제도를 시행한 학교는 2020년 기준 93개교(22.4%)이며 전년 대비 4.5% 증가하였다. 총 수혜자는 3,058명이며 지원 금액은 1,746백만 원이다(창업진흥원). 일부 대학은 창업 관련 활동에 점수를

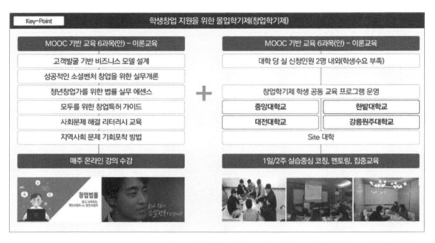

그림 1 〈학생창업 지원을 위한 몰입학기제 (한국청년기업가정신재단)〉

부여하여 해당 활동에 따른 증빙서류를 제출함으로써 점수화하고 마일리지 점수에 따라서 창업 장학금을 지원하고 있다.

- 연세대: 연세대 소속 대학생의 기 창업 팀과 예비 창업 팀을 선발하여 전담 멘토링, 정보제공 및 창업 장학금을 지원하는 프로그램을 운영 중이다. 창업 장학금은 팀당 200만 원이 지급된다(연세대 창업지원단).
- 한양대: 창업 마일리지의 형식으로 세부 평가항목 기준에 따라 다점차순으로 장학금을 수여받을 창업 팀을 선정한다. 지급금액은 총 1,000만 원으로 총 20명 선발을 한다(한양대 창업지원단).
- 전주대: 대학의 창업활동별 배점표 기준의 창업 마일리지 포인트 15점 이상 보유자가 신청 가능하며 재학생이 수행한 창업 활동을 점수화하고 고(高)득점자 순으로 창업 장학생을 선발

평가항목	최대배점	내용	기준
창업여부	30	해당년도 기준 창업여부	1개 기업 당 30점, 최대 1개 기업 인정
창업지원사업	20	연간 정부 지원 사업 수주실적 (정부 창업 지원 사업 등, 교내 창업동아리 선정 제외)	선정건당 10점, 최대 2개 사업 인정
창업동아리	10	해당년도 기준 한양대학교 창업동아리 선정 여부	한 학기 활동 시 5점, 최대 2개 학기 인정
창업경진대회	10	교내외 경진대회 수상자 (교내 경진대회의 경우 창업지원 단 주관 경진대회에 한함)	수상건당 5점, 최대 2회 수상 인정
창업 강좌	10	해당년도 창업교과 이수여부	이수학점 당 2점, 최대 5학점 인정
창업융합전공	10	해당년도 창업융합전공 이수여부	이수학기 당 5점, 최대 2개 학기 인정
지적재산권	10	지식재산권 출허	1개 건당 2점, 최대 5건 인정
합계 100점			

표 3 〈한양대학교 창업 마일리지 기준표, (한양대 창업지원단)〉

하여 학기당 최대 120만 원까지 지원한다(전주대).

창업 특기생 선발제도

2020년 기준 창업 특기생 선발제도를 시행한 학교는 7개교(1.7%)이며 작년과 동일한 수치이다. 입학정원은 95명이며 입학인원은 90명이다 (창업진흥원). 창업 특기생 선발제도를 운영하는 대학은 경일대, 건양대, 전주대, 단국대 등이 있다. 2014년 13개교에서 창업 특기생을 선발했던 것에 비해 2020년 기준 7개교로 줄어든 것을 통해 창업 특기생 선발제도에 대한 실효성과 효율성에 대해서 고려할 필요가 있다.

창업학과 및 창업 연계 전공

창업학과와 창업연계 전공을 개설한 학교는 2020년 기준 73개교 (17.6%)이며 전년 대비 2.8% 증가하였다(창업진흥원). 학부에서 다른 전공과 연계하여 개설하는 융합전공을 운영하는 형태, 또는 별도의 창업대학원을 설립하여 별도 학과를 운영하는 두 가지 형태로 볼 수 있다. 창업학과와 창업 연계전공을 통해서 학생들이 창업에 대한 전문성을 기르고 보다 쉽게 접할 수 있는 기회를 제공할 수 있다.

- 고려대: 공과대학에서 주관하는 기술창업융합전공이 있으며 이를 통해 교내 창업연계 지원 프로그램 지원 시 우선 선정, 경진대회 참가 지원 시 가점 부여, 창업보육센터(R&D) 입주 심사 시 우대 등의 이점이 있다(고려대 창업지원단).
- 한양대: 일반대학원 창업융합학과를 운영하고 있다. 커리큘럼에는 기업가 역량개발, 사업기회 포착과 사업계획 수립, 창업기업 경영, 성장과 회수, 실전중심과목 등 창업의 이론과 실습교육을 제공하고 있다(한양대 창업융합학과).
- 한밭대: 높은 수준의 기술창업가와 창업전문가 양성 플랫폼 구축을 목표로 하는 창업대학원을 운영 중이다. 한밭대 창업

학과는 비즈니스 트랙과 전문가 트랙으로 나누어 교육과정을 운영하고 있다. 이외에도 전문적 창업교육을 위한 미래산업융합대학 창업경영학과를 신설하고 졸업학점 교양필수요건으로 '창업'을 지정하는 등 창업 친화적인 학제를 제공하고 있다(한밭대학교).

창업 교육

정규교과

창업교육의 교양 및 전공 커리큘럼이 정규교과에 포함된다. 2020년 기준 창업 강좌를 운영한 학교는 309개교(74.5%)이며 전년 대비 1.3% 감소하였다. 강좌 수는 15,462개이며 수강인원은 474,242명이다. 전체 강좌 중 이론 형이 12,228개로 이론 형 수업 약 80%, 실습 형 약 20%로 구성되어 있다(창업진흥원).

  큰 범주에서 대표적인 교육과정 체계로는 창업융합전공(한양대학교), LIFE Cycle 기반 창업 역량강화 지원체계 구축(중앙대학교), 창업 교육과정 운영(연암대학교) 등이 있다. 특히 한양대학교의 경우 총 5단계로 구성되어 있는 체계를 통해서 기업가정신부터 최종적으로 창업실행까지, 이론과 실습을 모두 경험할 수 있는 창업친화적인 프로그램을 제공한다.

  창업 강좌 커리큘럼은 실습 형과 이론 형으로 나뉜다. 대표적인 실습 형 창업 강좌로는 멘토와 함께하는 실전창업의 이해(연세대학교), 창업실습: 캠퍼스 CEO(한양대학교), 실전창업론(중앙대학교) 등이 있

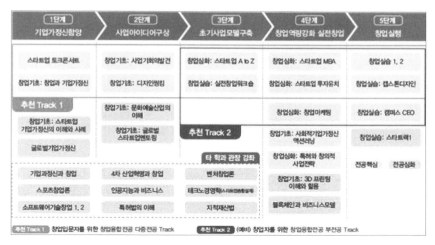

그림2 〈한양대학교 창업 교육과정 체계(한국청년기업가정신재단)〉

다. 실제 창업에 필요한 지식을 프로젝트 수행 형태로 진행함으로써 창업 준비를 위한 노하우를 멘토를 통해서 배울 수 있는 수업 방식이다.

이론 형 창업 강좌는 창업에 대한 전반적인 내용을 소개하는 수업이다. 대표적인 예시로는 창업과 경영(한밭대학교), 벤처경영(인하대학교), 지식재산기반 창업(단국대학교) 등이 있다. 창업의 전반적인 트렌드 파악 및 기업가정신 등을 배우고 더 나아가 실제 스타트업 성공/실패 사례를 통해 창업에 필요한 이론적인 지식을 습득할 수 있다.

- 한양대 ERICA: 2학점의 교양과목들로 구성이 되어있으며 이론 수업과 실습 수업이 50대 50 비율로 제공이 된다. 기초 기업가정신 배양을 위한 이론강좌부터 아이디어 개발 및 창업기획, 그리고 실전수업 등이 커리큘럼에 포함되어 있다.

교과목명	교육목표
기업가정신과리더십	기초 기업가정신 배양
10만원창업프로젝트	10만원 자본으로 실제 창업체험
창업아이디어개발	창업 아이템 발굴 / 개발방법 체득
글로벌마케팅조사와 창업기획	글로벌시장 동향 및 창업기회 발견
글로벌비즈니스와 창업기획	글로벌시장 동향 및 창업기회 발견
창업과 지적재산권	창업과 기초 법률지식 습득
창업경영시뮬레이션	시뮬레이션 기반 창업기업 경영 게임
재미있는만들기창업	디지털 기기를 이용한 시제품 제작 목표
창업프로세스실무	아이디어 사업화 및 창업시작 프로세스 습득
실전스타트업사업기획	아이디어 사업화 및 계획서 작성법 습득

표4 〈한양대ERICA 학부생 창업교과 (한양 ERICA 창업교육센터)〉

- 연세대: 연세대 또한 이론 및 실습수업을 모두 제공하고 있으며 눈에 띄는 교육으로는 AI스타트업이 있다. 기존의 스타트업 아이디어 발굴 및 실전창업과는 다르게 AI스타트업 창업에 필요한 지식을 습득하고 AWS환경 아래에서 실습과정을 진행한다.

교과목명	교육목표
기업과 기업가정신	창업 아이디어 도출 및 사업계획서 작성 실습 과정
21C 기술경영	스타트업 생태계의 기초 지식 학습과정
스타트업 인사이트1(국내)	현역 벤처 투자자의 스타트업 투자 사례, 창업가의 기술 및 창업 트렌트 강의

기술&창업트렌드	스타트업 CEO들의 창업사례 및 유망 신사업 분야 비즈니스 창출 사례 공유
린스타트업과 고객발굴	린스타트업과 창업 방법론 강의 및 아이디어 도출 실습 과정
스타트업 실전창업	아이디어에서 비즈니스로 발전시키는 단계와 과정 이해 및 실습 과정
스타트업 레벨업	팀별 아이디어 발굴 및 사업계획서 작성 실습 과정
스타트업 글로벌셀링	글로벌전문 셀러의 교육과 멘토링으로 실질적인 성과 창출의 개인별 실습 과정
AI 스타트업	AI스타트업을 창업할 수 있는 전문지식 학습 과정 AWS 환경아래 팀별 프로젝트 실습과정

표5 〈연세대 창업 정규 교과목 (연세대 창업지원단)〉

- 건국대: 건국대는 KU스타트업 엘리트 인증제를 도입하여 창업
  가로 성장하기 위해 필요한 소양과 역량을 총 4단계로 구분하
  여 인증하는 체제를 운영하고 있다. 각 단계별로 특정 요건을
  충족하면 창업 장학생 선발, 창업 공간 입주, 사업화 자금 지원
  등의 혜택이 주어지며 각 단계별 교과목이 명시되어 있다.

인증단계	이수구분	교과목명
KU 스타트업 엘리트 1단계 인증조건	기초교양	벤처창업 및 경영
	심화교양	청년창업과 기업가정신
	기초교양	창업트랜드 및 융복합적사고
	기초교양	Startup Base Camp

	기초교양	창업의 기회
KU 스타트업 엘리트 2단계 인증조건	기초교양	창직의 길과 기회
	심화교양	창직과 창업 로드맵
	기초교양	비즈니스모델
KU 스타트업 엘리트 3단계 인증조건	심화교양	창업기획및실행
	심화교양	기술창업 : 제조업
	심화교양	기술창업 : 지식서비스
	심화교양	도시재생 뉴딜을 활용한 소셜벤처
	심화교양	블록체인기술과 비즈니스 전략
KU 스타트업 엘리트 4단계 인증조건	심화교양	글로벌 스타트업 세미나
	심화교양	창업금융과 투자
	심화교양	기술사업화 실무

표6 〈건국대 창업교과 (건국대 창업지원단)〉

비정규교과

비정규 교과과정은 학점이 부여되지 않는 활동으로 각 대학은 창업동아리, 경진대회, 창업캠프, 창업특강 등을 운영 중이다.

- 창업동아리: 역량 있는 학생 창업자를 발굴하고 창업활동 경험과 지식을 공유함으로써 대학 창업문화를 선도하는 기능을 하고 있다. 2020년 기준 창업동아리를 보유한 학교는 286개교(68.9%)이며 전년 대비 2.5% 증가하였다. 창업동아리 수는 5,352개이며 회원 수는 34,916명이다. 창업동아리 중 자금

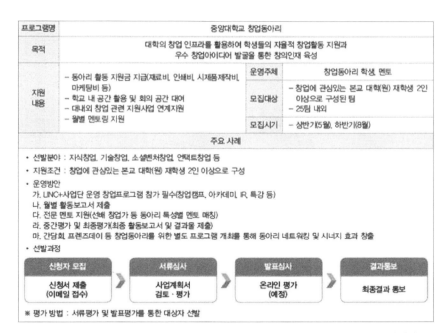

그림3 〈주요 사례 – 중앙대학교 창업동아리(2022 대학 창업 가이드)〉

또는 공간을 지원받은 창업동아리는 4,021개이며 총 자금 지원 금액은 7,203백만 원이다(창업진흥원). 보통 창업에 관심 있는 재학생 2인 이상으로 구성되며 심사과정을 통해 선발된다. 선발된 팀들을 대상으로 창업 공간, 멘토링, 네트워킹 등의 지원을 해준다.

• 창업경진대회: 학생들이 보유한 아이디어를 체계적으로 정리하여 실전창업에 필요한 기본역량을 쌓는 기회이다. 창업경진대회를 개최한 학교는 2020년 기준 260개교(62.7%)이며 전년 대비 4.0% 증가하였다. 총 개회 수는 711개이다(창업진흥원).

창업경진대회 신청자는 40,293명이며 수상자는 14,480명이다. 최근 KAIST의 창업 팀인 유니테크쓰리디피가 새로운 금속 3D 프린팅 기술을 개발하여 국내 4대 과학기술원 창업경진대회에서 수상하였다(머니투데이).

- 창업캠프: 창업동아리 및 예비창업자의 창업아이템의 사업화를 유도하고 창업활동을 장려하여 창업에 필요한 역량을 쌓는 기회를 제공한다. 운영 주체는 보통 창업지원단, LINC 사업단 등 창업 관련 전담 부서이다. 2020년 기준 창업캠프를 개최한 학교는 202개교(48.7%)이며 전년 대비 13.7% 감소하였다. 총 개회 수는 588개이며 창업캠프 참가자는 22,139명이다(창업진흥원).

프로그램명	글로벌 창업 메이트(아시아 권역 창업 아이템 기반 캠프)		
목적	글로벌 시장 진출을 위한 글로벌 특강 및 사업계획서 작성과 IR 경험 제공		
지원 내용	- 글로벌 특강 - 멘토링 프로그램 - 우수 수상자 선발	운영주체	단국대학교
		모집대상	창업에 관심있는 단국대학교 재학생
		모집시기	21.01.11.~21.01.13.

주요 사례

- 내용
  - 국내창업을 넘어 해외창업 아이템 발굴과 해외진출 사례 학습
  - 글로벌 시장 진출을 위한 시장조사 방법과 판로개척 방법 학습
  - 사업계획서 작성과 IR 경험
- 운영방법
  - 강의와 애니메이션 영상을 80%이상 시청하고 과제물을 제출해야 수료 인정
  - 창업플랫폼에서 정해진 시간동안 멘토와의 질의응답을 통해 아이디어 도출 시 필요한 멘토링 프로그램 제공
  - 사업계획서 및 발표영상 제출 후 심사를 거쳐 우수 수상자 공지 (상금 최대 30만원, 시상식 오프라인 진행)
- 신청방법
  - 사전에 팀을 구성하여 (2인이상, 5인이하) 포스터에 기재 된 QR코드 접속 후 신청
  - 팀명 기재 필수. 개인신청자는 관리자가 임의로 팀 구성 (영웅스토리 내에선 신청 불가)
- 프로그램

구분	내용	상세내용	비고
1	오리엔테이션	과정소개 & 인사말	ZOOM활용
2	글로벌 특강	4차 산업혁명 시대의 창업트렌드, 해외창업비전	강의 2강
3	아이템 발굴을 위한 방법론	해외창업 아이템 발굴과 해외진출 유의사항	강의 2강
4	비즈니스 모델 수립	글로벌 비즈니스 모델 수립과 사업계획서 작성법 초안	강의 2강
5	글로벌 마케팅과 판로개척	글로벌진출을 위한 판로개척 및 시장 조사방법	강의 2강
6	투자유치를 위한 IR	글로벌	애니메이션 1강
7	마무리	전문가 피드백 및 시상	

* 강의는 1강에 25분 내외, 애니메이션 1강에 5분 내외

그림 4 〈주요 사례 - 글로벌 창업 메이트 (2022 대학 창업 가이드)〉

창업 지원 조직

/

창업지원 전담조직

최근 대학 내 다양한 창업교육 및 창업지원 관련 조직이 생겨나고 있으며, 대표적인 창업지원 전담조직으로는 창업교육센터, 창업보육센터, 창업지원단이 있다. 창업교육센터는 2011년부터 LINC대학을 중심으로 창업교육센터를 설치 및 운영하고 있다. 현재 창업교육의 중요성이 대두됨에 따라 비LINC 대학의 창업교육 활성화를 위한 노력도 기울이고 있다.

창업보육센터는 기술과 아이디어는 있으나 제반 창업 여건이 취약하여 사업화에 어려움을 겪고 있는 창업 초기기업을 일정기간 입주시켜 기술개발에 필요한 종합적인 지원을 통한 디딤돌 역할을 제공하기 위해 설립된 시설이다. 2020년 기준 창업보육센터를 보유한 학교는 206개교(49.6%)이며 창업보육센터 수는 210개이다. 창업보육센터 총 입주기업 수는 5,188개, 신규입주기업은 1,653개, 졸업 기업은 1,114개이다(창업진흥원).

창업지원단은 대학이 보유한 우수한 창업지원 인프라를 통해 창업사업화를 지원하고 선발된 대학의 경우 예비/초기 창업패키지 사업 등 다양한 창업지원 사업을 수행하고 있다. 성장지원 프로그램으로는 투자유치, 판로개척, 기술확보 및 보호 등 주관기관 별로 다른 프로그램을 지원하고 운영하고 있다. 대표적인 예시로는 한양대학교 창업지원단은 한양창업지원단투자펀드, 한양스타트업아카데미 등 창업초기에 필요한 지원부터 스타트업 성장촉진 프로그램과 창업기업 M&A를 위한 맞춤 컨설팅 서비스까지 지원하고 있다. 이외에도 창업지원단 중심으로 교내 유관기관과 창업지원 협력체계를 구축하여 다양한 서비스를 지원하고 있다.

2021년 기준 대학알리미의 통계에 따르면 창업교육 전담 조직의 총 운영비(교비+사업비)는 한양대학교가 183억 원으로 가장 높다. 이어서 고려대학교(121.6억 원), 성균관대(111.8억 원), 연세대(102.6억 원)이 높은 것으로 조사가 되었다. 교직원 수로는 고려대학교가 66명으

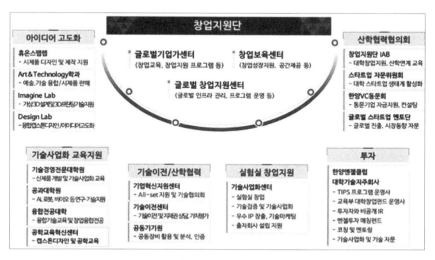

그림 5 〈한양대학교 창업지원단 협력체계 (2022 대학 창업 가이드)〉

로 가장 많고, 이어서 성균관대(55명), 연세대(55명), 가천대(52명)로 조사되었다(대학알리미).

학교	창업교육 전담 조직 현황			
	교직원 수	운영비 (백만 원)		
		교비	사업비	총 운영비
한양대학교	48	667.1	17,633.1	18,300.1
고려대학교	66	4,134.6	8,026.2	12,160.8
성균관대학교	55	377.4	10,798.2	11,175.6
연세대학교	55	141.9	10,122.2	10,264.1
국민대학교	46	584.8	8,113.2	8,698.0
한양대학교 (ERICA)	28	71.1	8,618.6	8,689.7
한국과학기술원	39	5,132.8	3,414.3	8,547.1
인천대학교	27	380.0	7,754.6	8,134.6
한남대학교	51	159.2	7,758.5	7,917.8
서울대학교	30	1,651.2	5,912.1	7,563.3

표7 〈2021년 창업교육 전담 조직 현황 (대학알리미)〉

교원창업 휴/겸직 제도, 업적평가

교원창업 휴/겸직 제도는 교원창업을 뒷받침하는 제도 중 하나로서 2020년 기준 해당 제도를 시행한 학교는 186개교(44.8%)이다. 그리고 교원창업 휴/겸직 승인인원은 809명(휴직 5명, 겸직 804명)으로 조사되었다(창업진흥원). 교원창업을 위한 창업 휴/겸직은 대학 내 교수와 대학 간의 이해충돌 소지가 있으므로 승인 절차를 통해서 충분히 검토하는 것이 중요하다.

교원의 업적평가 중 재임용 및 승진기준이 논문 중심으로 진행되고 있어 교원이 창업에 도전하거나 지도학생의 창업을 독려하기에는 구조적 한계가 있다. 특히나 SCI논문 작성이 교원의 재임용, 승진, 인센티브와 직결되기 때문에 지도학생의 창업 독려에 소극적으로 되는 현상도 있다. 2021년 4월 1일 기준 교원창업을 업적평가에 반영하는 학교는 143개교(34.5%)이다(창업진흥원). 일부 대학은 승진 및 재임용에 있어 창업점수로 연구실적을 대체할 수 있는 제도를 마련하였다. 대표적인 사례로는 한국공학대학교와 충남대학교가 있다.

교원 창업 현황

2020년 교원 창업자 수는 372명이며 전년 대비 23.2% 증가하

지표	배점	세부내역
교원 창업	100	– 최초 창업 1회에 한함
지도학생 창업	30	– 최초 창업 1회에 한함
교원 창업기업 학생 취업	10	– 점수 x / 학생수 창업교원에게 부여 – 연도별로 누적 적용
학생 창업기업 학생 취업	5	– 점수 x / 학생수 창업교원에게 부여 – 연도별로 누적 적용
로열티	20/100만원	– 로열티 x 20점/100만원 (년 / 200점 상한)

표8 〈한국공학대학교 사례 (2022 대학 창업 가이드)〉

였다. 교원 창업기업 수 또한 전년 대비 18.5% 증가하여 333개로 조사되었다. 교원 창업기업 총 매출액은 6,168백만 원이며, 고용인원은 458명, 자본금은 12,333백만 원이다(창업진흥원). 교원 창업 사례로는 코스닥 상장으로 이뤄낸 레인보우로보틱스(KAIST), 클리노믹스(UNIST) 등이 있다.

교원 창업 주요 기업			
학교	창업회사	설립자	비고
한국과학기술원(KAIST)	레인보우로보틱스	오준호	2021년 코스닥 상장
	일리아스바이오로직스	최철희	시리즈 B 투자 유치
	아이빔테크놀로지	김필한	시리즈 B 투자 유치
울산과학기술원(UNIST)	클리노믹스	박종화	2020년 코스닥 상장
	에스엠랩	조재필	2022년 7월 코스닥 상장 추진
	리센스메디컬	김건호	2023년 코스닥 상장 추진
광주과학기술원(GIST)	지놈앤컴퍼니	박한수	2020년 코스닥 상장
대구경북과학기술원 (DGIST)	씨티셀즈	김민석	시리즈A 투자 유치
	아임시스템	김진영	TIPS 선정

그림 5 〈한양대학교 창업지원단 협력체계 (2022 대학 창업 가이드)〉

창업 현황

학생창업 현황

2020년 학생 창업자 수는 1,973명이며 전년 대비 9.4% 증가하였다. 학생 창업 기업 수는 1,805개이며 전년 대비 11.1% 증가하는 등 학생 창업 통계가 전반적으로 상향하였다. 학생 창업기업 업종은 기술 기반 업종이 44.8%로 가장 많았고, 지식 서비스업은 35.4%, 제조업은 9.4%로 조사되었다. 2020년 기준 학생 창업기업 매출액은 18,910백만 원, 고용인원은 1,090명, 자본금은 8.967백만 원이다. 창업동아리 활동경험이 있는 학생 창업기업은 792개(43.9%)로 동아리 활동의 유무가 창업 환경에 유의미한 영향을 끼치는 것으로 보인다(창업진흥원).

한양대의 경우 금융, 공학, 경영학과를 중심으로 많은 창업자들을 배출하였다. 미디어커머스, 패션/쇼핑 스타트업, 기술 기반 서비스 등 다양한 산업에 포진되어 있는 것을 확인할 수 있다.

이외에 학생 창업유망 팀 300 우수사례에 포함된 기업들 중 이미 매출 규모가 1억 원을 넘는 기업들도 다수 포진되어 있다. 2017년 설

주요 창업자 배출 현황

남대광 (경제금융 05)	서정민 (경영 02)	조관제 (경제금융 06)	이종훈 (융합전자공학 11)
(주)블랭크코퍼레이션 창업	(주)브랜디 창업	(주)퍼플링크 창업	(주)매스프레소 창업
매출 1,263억원	매출 153억원	매출 119억원	투자유치 256억원
미디어커머스	패션/쇼핑 스타트업	미디어커머스, 코스메틱 브랜드	인공지능 문자인식 기술 기반 서비스
김재혁 (산업공학 13)	나성수 (컴퓨터공학 11)	유광연 (경영 00)	손진호 (기계공학 11)
(주)레티널 창업	팀42(주) 창업	(주)두꺼비세상 창업	(주)알고리즘랩스 창업
투자유치 68억원	매출 40억원	매출 34억원	투자유치 5억원 매출 10억원
광학기술을 활용한 스마트 안경 렌즈	온라인, 모바일 추리게임, 마피아 42 개발	부동산 직거래 중개 플랫폼	온오프라인 알고리즘 교육서비스

그림7 〈한양대 주요 창업자 배출 현황 (한양대학교 창업지원단 브로슈어)〉

립된 청춘세탁은 2020 기술역량 우수기업 인증을 받았고, 2020년 기준 매출 10억 원을 달성하였다. 글로벌 인플루언서 엔터테인먼트 네트워크를 사업 아이템으로 설립된 주식회사 텐원더스도 2019년 기준 매출 5억 원을 달성하였고, 11억 원 가량의 투자유치를 받았다. 젖소초유 화장품을 판매하는 팜스킨은 국가대표 1,000기업에 선정되었고 매출 120억 원 이상을 달성하는 등 성장하는 모습을 보이고 있다.

- 경진대회 참가연도 2014년
- 기업(팀)명 블루레오
- 대표자명 이승민
- 아이템 개요 편리하고 똑똑한 음파전동칫솔 A100
- 법인설립 2016.3.17.
- 고용 12명
- 투자유치 19억 +
- 홈페이지 https://www.bluereo.co.kr/
- 주요 성과
  · 2017 아시아 소셜벤처 경진대회 SVCA Awards 수상(1위)
  · 2018 서울국제발명전시회(SIF) 금상, 은상 수상

- 경진대회 참가연도 2016년
- 기업(팀)명 청춘세탁
- 대표자명 이기태
- 아이템 개요 미래형 친환경 세탁서비스, '청춘세탁'
- 법인설립 2017.7.6.
- 매출 10억원(2020년)
- 고용 15명
- 홈페이지 http://choong-se.com/
- 주요 성과
  · 2020 전라북도 돌봄기업 선정
  · 2020 기술역량 우수기업 인증(한국기업데이터)

- 경진대회 참가연도 2016년
- 기업(팀)명 주식회사 텐원더스
- 대표자명 이정훈
- 아이템 개요 셀리스토리 – 글로벌 인플루언서 엔터테인먼트 네트워크
- 법인설립 2016.1.6.
- 매출 5억원 (2019년)
- 고용 10명
- 투자유치 11억+
- 홈페이지 http://www.10wonders.com/

- 경진대회 참가연도 2017, 2018년
- 기업(팀)명 팜스킨
- 대표자명 곽태일
- 아이템 개요 첫소 초유화장품
- 법인설립 2017.7.23.
- 고용 50명
- 매출 120억원 이상
- 투자유치 80억원+
- 홈페이지 https://farmskincorp.com/
- 주요 성과
  · 도전 K-스타트업 2018 우수상 수상
  · 18년 TIPS 프로그램 선정
  · 19년 40개국 직간접 수출 달성
  · 2020년 포브스 '아시아 30세 이하 리더 30인' 선정
  · 국가대표 1,000기업 선정

그림8 〈학생 창업유망 팀 300 우수사례 (한국청년기업가정신재단)〉

참고자료

- 한국청년기업가정신재단 대학창업팀, 2022 대학 창업 운영 가이드
- 창업진흥원, 2020 대학 산학협력활동 조사결과 창업부문 보고서
- 건국대창업지원단, https://startup.konkuk.ac.kr/Editor.do?menuSeq=46632&configSeq =51144
- 고려대학교 크림슨창업지원단, https://piportal.korea.ac.kr/
- 대학알리미, https://academyinfo.go.kr/index.do?lang=ko
- 동아대 창업장학금, https://www.donga.ac.kr/WebApp/BOARD/NOTICE/Read.asp?BIDX=156&CAT=&PG=4&ORD=&KEY=&NUM=3166100&KWD=
- 머니투데이, 벤처·스타트업 1년새 6.7만명 신규채용…고용시장 판 뒤흔든다, https://news.mt.co.kr/mtview.php?no=2021081914282675852
- 머니투데이, 저비용3D프린팅 '유니테크쓰리디피', 1랩1창업 우수사례 꼽혀, https://news.mt.co.kr/mtview.php?no=2023020707573651309
- 성균관대학교 규정집, https://rules.skku.edu/state/current/recent.do?mode=view&articleNo=100889&article.offset=0&articleLimit=10
- 연세대학교 창업지원단, https://venture.yonsei.ac.kr/
- 이데일리, https://www.edaily.co.kr/news/read?newsId=03211126629278848&mediaCodeNo=257
- 전주대, 창업교육 프로그램, https://www.jj.ac.kr/jjstartup/scholarship.jsp
- 통계청, 2021년 기업생멸행정통계 결과, https://eiec.kdi.re.kr/policy/materialView.do?num=233689&topic=
- 한밭대 창업학과, https://www.hanbat.ac.kr/startup/sub01_01.do
- 한밭대학교 창업지원단, https://startup.hanbat.ac.kr/html/kr/
- 한양대 ERICA 창업교육센터, https://eec.hanyang.ac.kr/
- 한양대 ERICA, https://erica.hanyang.ac.kr/web/ehaksa/112
- 한양대 창업융합학과, http://entrepreneurship.hanyang.ac.kr/curriculum/
- 한양대학교 창업지원단, https://startup.hanyang.ac.kr/

제3부

**대학 창업의
현황과 과제**

2장

글로벌 대학

글로벌 대학
창업 현황

2022년 12월 기준으로 '유니콘 기업(unicorn startup; 기업가치가 10억 미국 달러 이상의 비상장 스타트업)'의 수는 세계적으로 1,200 개를 돌파하였다. 2020년과 2021년 사이 유니콘 스타트업의 수가 두 배 증가하였고, 현재 기업가치가 가장 큰 스타트업은 중국의 ByteDance(TikTok의 모기업; 2022년 기준으로 기업가치 3600억 미국 달러)이다. 더불어 그 사이 농업기술 및 푸드테크와 관련된 스타트업(예: 재생 농업)은 가장 빠른 성장세를 (128% 증가) 보였다.

StartupBlink의 등급제에 따라, 세계 국가 중 스타트업의 품질, 개수 및 환경 기준으로 점수가 가장 높은 국가와 도시의 순위는 아래와 같다.

국가	점수
미국	195.37
영국	52.55
이스라엘	45.06
캐나다	35.26
스웨덴	28.5

표1. 〈스타트업의 품질, 개수 및 환경 기준으로 점수가 가장 높은 국가 순위〉

국가	점수
샌프란시스코, 미국	550.97
뉴욕, 미국	217
런던, 영국	125.64
로스앤젤레스, 미국	113.86
보스턴, 미국	108.05

표2. 〈스타트업의 품질, 개수 및 환경 기준으로 점수가 가장 높은 도시 순위〉

위의 순위와 같이, 세계적으로 유니콘 기업의 46%는 (2021년 기준으로 487개) 미국에 본사를 두고 있으며, 그 외 301개는 중국, 54개는 인도에 위치하고 있다. 미국을 중심으로 둔 유니콘 기업의 20%는 SaaS 기업이며, 그 외 핀테크(12%), AI(9%), 헬스테크(9%) 기업이다.

미국 대학교 중 가장 많은 스타트업 창업자에게 학위를 수여한 대학교 순위는 (Statista, 2020년 기준) 아래와 같다.

미국 외의 지역에서 가장 많은 스타트업 창업자를 졸업시킨 대학교의 목록은 (PitchBook, 2022년 기준) 아래와 같다. 이 목록은 대학

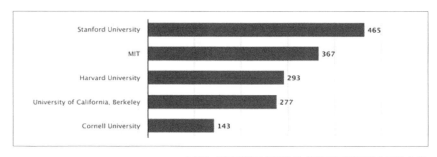

그림1. 〈미국 대학교 졸업생 중 스타트업 창업자의 수 기준 순위〉

원생 중 졸업자를 기준으로 두며, 유럽과 중동 및 아시아 2개의 지역에 해당한다. 유럽 지역에서는 영국과 프랑스에 위치한 대학교가 등장하며, 중동 및 아시아 지역에서는 이스라엘과 중국에 있는 대학교가 언급된다.

Overall rank		University	Founder count
7		University of Cambridge	1,133
8		University of Oxford	1,083
15	INSEAD	INSEAD	754
20		Imperial College London	628
25		London School of Economics	491

그림2. 〈유럽 대학교 졸업생 중 스타트업 창업자의 수 기준 순위〉

Overall rank		University	Founder count
14		Tel Aviv University	762
29		Tsinghua University	421
32		Hebrew University	391
36		Technion - Israel Institute of Technology	314
50		Peking University	227

그림3. 〈중동 및 아시아 대학교 졸업생 중 스타트업 창업자의 수 기준 순위〉

글로벌 대학의
창업 지원 제도

창업 대체 학점 인정제도/ 강좌 학점 교류제도

창업 대체 학점 인정제도는 대부분의 경우에 대학교에서 제공되는 스타트업 발굴센터 등 유사한 기관에서 일정한 프로그램(수업 등)을 수행한 후, 학점 인정을 받을 수 있다. 예를 들어, Cornell대학교의 경우 eLab 비즈니스 발굴 프로그램에 참여할 경우, Samuel Curtis Johnson 경영대학원 내에서 멘토와 적극적 수업 참여도를 요구하는 개설 수업에 한하여 최대 5.5학점을 인정받을 수 있다.

강좌 학점 교류제도의 경우, 스웨덴의 Stockholm대학교는 Royal Institute of Technology KTH, Karolinska대학교 등과 협력하여 Stockholm School of Entrepreneurship(SSES)를 설립하였으며, 이 대학교 출신인 대학생들은 같이 수강할 수 있고, 수강 후 수업을 개설한 대학교와 상관없이 학점 교류제도로 학점을 인정받을 수 있다.

창업 장학금

창업 장학금 제도와 종류, 수혜 조건 등은 대학교마다 상당히 다르다는 사실을 아래와 같이 확인할 수 있다.

- Stanford: 대학교 내 Office of Technology Licensing(이하 OTL)에 의하여 제공되는 장학금과 다양한 종류의 지원 방법은 많다. 예를 들자면, The High Impact Technology (HIT) Program & Fund에서 전략적 및 금융적 지원을 받을 수 있으며, 이 프로그램의 목적은 실험실 사용 목적에 한정된 기술을 중요한 세계적 시장에 옮기는 것에 있다. 학생뿐만 아니라 교원 및 대학교의 직원도 지원 대상자가 될 수 있으며, 비자본 마일스톤 기반으로 최대 25만 미국 달러 수혜가 가능하다. 이를 통하여 지원을 받은 프로젝트는 에너지 밀도가 높은 리튬 금속 배터리를 위한 획기적인 전해질 또는 무릎 근육 조정 재훈련을 포함한다. 다른 프로그램은 SPARK(생물 의학 연구), StartX(의학 기술) 등이 있다.

- Harvard: Harvard Innovation Labs라는 조직에 의하여, 2011년부터 Harvard대학교 소속 학생들은 다양한 지원을 받을 수 있다. 예를 들어, 제공하는 장학금 중 인기 많고 지원금이 큰 President's Innovation Challenge(PIC) 프로그램 조건에 따라 Harvard 졸업생들도 참여 가능하며, 총 수혜 가능한 지원금은 51만 5천 미국 달러이다. 지원금이 큰 만큼, 7개월 동안(가을~다음 해 봄 말) 벤처를 초기 단계로부터 발굴하고 평가를 실시한 후 지원금 대상자가 선정된다.

- Cambridge: Cambridge대학교는 지원금을 제공하는 다양

한 기관과 협력하여 창업에 관한 장학금을 학생들에게 제공해
왔다. 예를 들어, Cambridge Capital Group은 그러한 기
관 중 하나이며 20년 이상 영국 Golden Triangle 전역의 기
술 스타트업에 투자하고 개인투자자 및 벤처 펀드를 포함하는
비즈니스 엔젤 네트워크이다. 더불어 영국 정부와의 협력 덕분
에도 스타트업을 위한 금융 지원을 받을 수 있다. 예를 들자면,
2023년 2월 기준으로 장학금이 제공되는 프로그램은 148개
나 있으며, 그 중 앞서 의학기술 혹은 하이테크뿐만 아니라 미
술, 예술 등 다양한 분야가 언급된다.

창업학과와 창업 연계 전공

창업에 관한 전공이나 트랙(track)은 대부분 경영대학원에 의하여 설
계되는 MBA 프로그램에 포함된다. 예를 들면, MIT대학 Sloan 경영
대학원 MBA 프로그램 내에 Entrepreneurship & Innovation(이하
E&I) 트랙이 제공된다. 이 트랙은 선착순으로 최종 합격 여부가 확정된
후 신청 가능하다. 미국에 위치한 다른 대학교 중 UC Berkeley에서도
창업을 심화하여 MBA 프로그램 내에서 공부할 수 있다. Haas 경영대
학원에서 lean launch 방법론과 벤처금융, 사회를 기반으로 둔 창업론
까지 공부할 수 있다.

　　유럽에 있는 London School of Economics and Political
Science에서 석사과정 내에 창업론(석사과정 전공명: 사회 혁신 및 창
업론)을 공부할 수 있다. 더구나 같은 경영대학원에서 한 단계 더 높은
Executive 석사 과정(Executive 석사과정 전공명: 사회사업 및 창업
론)도 입학이 가능하다. 이 프로그램은 MBA과정의 반대라고 볼 수 있

다. 더 나아가 아시아에 있는 대학교에서도 창업론이 포함된 전공이 있다. 예를 들자면, Tsinghua대학교(중국)에서 Dual degree MBA 과정에 의하여 Tsinghua대학교뿐만 아니라, 자매 대학에서도 창업에 관한 지식을 습득할 수 있다.

파트너 관계를 2023년 기준으로 이어가는 대학교는 HEC Paris, Columbia대학교, MIT Sloan 경영대학원이 있으며, Columbia대학교에서 MBA가 아니라 경영과학, 비즈니스 애널리틱스 석사 과정을 하게 된다. 그 외에도 싱가포르의 National University of Singapore(이하 NUS)에서 Venture Creation이라는 전공으로 석사과정을 졸업할 수 있으며, 석사과정의 커리큘럼은 벤처의 설계 단계부터 최종 단계까지 모든 절차를 포함한다.

마지막으로 학부의 경우 대부분의 대학교에 따로 설계된 학과는 없으나, 대부분의 수업은 경영대학에 의하여 개설된다. 다만 창업의 종류도 다양한 만큼 공과대학, 자연과학대학 등에서도 해당하는 종류의 창업에 맞게 관련된 수업이 개설되는 경향이 있다. 학부생의 입장에서 다양한 대학에서 설계하는 수업을 많이 들을수록 스타트업, 창업론 등의 지식이 많이 쌓이게 되며, 이후 대학원에서 MBA과정이나 석사과정을 밟을 수 있거나 대학원을 거치지 않고 바로 창업할 수도 있다. 창업론을 부전공으로도 삼을 수 있으며, 그러한 부전공은 (창업론 및 혁신) Cornell대학교에서 제공된다.

창업 교육

강좌/ 커리큘럼

창업에 관한 강좌와 커리큘럼, 제공하는 수업의 예시 등은 아래와 같다.

- Stanford : Sample Electives에 Startup Garage : Design, Entrepreneurial Finance, Entrepreneurship and Venture Capital: Partnership for Growth 포함된다. 또한, experiential courses (Design for Extreme Affordability, Hacking for Climate and Sustainability), functional courses (Design and Manufacturing, Smart Product Design), industry-specific courses (Strategies of Effective Product Management, Biodesign Fundamentals), startup fundamentals courses (Product/Market Fit, Entrepreneurship without Borders), social innovation courses (Problem Solving for Social Change), scaling courses

(Conversations in Management)까지 있다.

- Cornell: 제공되는 수업을 아래와 같이 확인할 수 있다.

Semester	Course Number	Course Name	Topic	School	Ugrad?	Offered 22/23	Credits
Fall	AEM 3249	Entrepreneurial Marketing and Strategy	Business Plan	Dyson	Yes	Yes	3
Fall	NBA 6230	Actualizing Your Startup - Part I	Business Plan	Johnson	No**	Yes	1.5
Fall	NBA 3000, NBA 5640	Designing New Ventures	Business Plan	Johnson	Yes	Yes	3
Fall	NBAY 6090	Digital Marketing	Fundamentals	Cornell Tech	No	Yes	1.5
Fall	AEM 2220	Foundational Perspectives and Contemporary Issues in Entrepreneurship	Fundamentals	Dyson	Yes	Yes	3
Fall	ENGRG 4960	Entrepreneurial Practicum in Engineering	Fundamentals	Engineering	Yes	Yes	1 to 4

그림4. 〈Cornell대학교 창업론 관련 개설되는 수업〉

- Harvard: Entrepreneurial Management MBA 과정 트랙 내에 개설되는 수업 예시는 Avoiding Startup Failure, Elections and Campaigns: a Private Sector Perspective on the 2022 US Midterm Elections, Field Course: Arts and Cultural Entrepreneurship, Tough Tech Ventures 등 있다. 위와 같이 수업의 다양성을 확인할 수 있다.

교육 지원 현황

미국에 위치하는 대학의 경우 창업 관련 교육을 MBA과정 내에서 받게 되므로, MBA 과정 입학 과정과 같이 지원금을 받을 수 있다. Stanford MBA 과정의 경우, 학자금 대출과 fellowship 장학금 수혜 기회가 있으며, 평균적으로 fellowship 장학금 금액은 2023년 입학생 기준으로 총 8만 4천 미국 달러였다. MIT Sloan 경영대학원 MBA 과정에 따라, 입학 시점에 신청이 필요하거나 불필요한 fellowship 장학금도 제공된다[예: Sadeq Sayeed(1985) Fellowship Fund, Thomas J. Vincent(1968) Fellowship, Kennedy Memorial Trust Scholarships].

London School of Economics and Political Science의 경우, 석사과정 등록금을 납부하는 데 Graduate Support Scheme(5천과 1만 5천 파운드 스털링 사이), LSE Master's Awards(이하 LMA: 5천 파운드 스털링부터 전액 면제까지) 및 Anniversary Scholarships (5천과 2만 5천 파운드 스털링 사이)의 수혜가 가능하다. NUS의 Venture Creation 석사과정의 경우 Master of Science(Venture Creation) Scholarship와 Master of Science (Venture Creation) Study Award 지원금을 받을 수 있다.

창업 지원 조직

창업지원 전담조직

창업을 지원하는 조직은 대학교마다 교육 과정 및 해당하는 제도와 다양한 방법으로 협력하지만, 대부분의 경우 스타트업의 발굴을 목표로 두는 경향이 있다. 예를 들어, MIT Sloan 경영대학원의 Martin Trust Center for MIT Entrepreneurship란 창업을 지원하는 교내 조직이며, 대학생들은 개인적으로 참여하는 것뿐만 아니라 대학교 동아리까지 가입하는 것도 가능하다. 2022년 기준으로 이 조직에 의하여 창업에 관한 16개의 이벤트가 진행되었고, 2천 명 이상의 대학생들이 참여하기도 하였다. 이 조직에 경영대학원 교수진도 지도자의 역할로 적극 참여함으로써 스타트업을 발굴하는 과정은 더욱 효과적으로 진행된다. Trust Center 내 'MIT delta v'라는 기관은 발굴 과정을 본격적으로 담당하며, 적극적으로 스타트업을 키우는 학생들에게 도움과 지원을 제공한다.

University of California에도 유사한 기관이 있다. 기관명은 LAUNCH Accelerator이며, University of California 소속으로 창업 의사가 있는 모든 학생들에게 스타트업 초기 단계부터 최종 단계까지 지원을 제공한다. 교내 활동뿐만 아니라 산업 전문가, 잠재적 고객이나 투자자까지 만나고 연결할 수 있는 기회까지 제공하는 데 도움을 제공하는 기관이다. 현재 LAUNCH Accelerator 아래에 19개의 스타트업이 선정되었고, 총 6개의 University of California의 캠퍼스 소속 학생들이 조직에 참여하고 있다.

　　　　Cornell대학교의 eLab이라는 기관도 유사한 역할을 하고 있다. 앞서 언급된 바와 같이, 기관에 의하여 개설되는 수업의 학점을 이수하는 기회뿐만 아니라 다양한 자원을 스타트업을 만드는 데 쓸 수 있다. 창업론 생태계에 있어서, Cornell대학교 소속 12개의 대학 모든 학장들은 이 기관을 운영하는 데 나름의 역할을 하고 있으며 Cornell대학교의 전체적인 창업 지원 활동은 100명 이상의 자문위원회에 의하여 운영되고 있다. 이 기관은 인턴십 기회를 비롯하여 학생들에게 새로운 아이디어를 발굴하는 기회도 제공한다.

교원 창업 휴/겸직 제도. 창업 연구년

교원 창업의 경우 모든 경우에 이해상충이 발생하지 않도록 주의하는 중요성의 여부는 논의할 여지가 없다. Stanford대학교의 정책에 따라 경영책임이 발생하는 기업 내의 역할을 하게 되는 경우 교원은 교수의 활동을 이 역할과 동시에 수행할 수 없으며, 휴직을 해야 한다. 또한 그러한 역할을 수행하는 동안에 대학교 활동과 관련된 제3자를 기업 경영에 종사시킬 수 없다. 더불어 기업 활동을 해야 하는 경우 소속 학과 및 대학과 상의를 해야 한다.

　　　　그러나 모든 해외 대학들이 창업활동에 대해 너그러운 입장은 아니다. 예를 들어 University of Washington은 정책에 따라 스타트업 활동으로 인하여 발생하는 기술에 관한 협상은 엄격히 규정되며, 그러한 협상에 대학교 자체가 등장할 수 없다. 또한 스타트업 자체가 대학교와 계약을 맺으면 안 되고, 기업과 대학교 간의 지적소유권에 관한 갈등도 발생해서는 안 된다.

창업 교수

대부분의 해외 대학은 학과/대학 소속 교수진 외에도 창업에 관한 활동을 하고 있는 초빙교수/강사를 고용하는 추세이다. 예를 들자면, UC Berkeley 소속 교수진 중 Bloomberg 소속 스타트업을 운영하고 있는 Roy Bahat, 30년 이상의 실리콘밸리 경력의 Steve Blank 등이 있다. 창업론을 다양한 관점에서 배울 수 있는 교수진의 특징은 다양한 학과/대학에 소속된 교수가 참여하고 있는 것이다. 앞서 언급한 바와 같이 이를 통하여 스타트업을 더욱 깊이 공부할 수 있게 된다.

창업 현황

창업기업 자본금/ 매출액, 우수사례

대학교별 졸업생들에 의하여 창업한 기업에 관한 최신 정보와 우수사례 (founder 및 co-founder 모두 포함)는 아래와 같이 정리되어 있다.

- Harvard: 최근 5년 이내 100개 이상 스타트업 시작, 조달한 자금 총 44억 미국 달러 이상.

  〉우수사례 : 바이오테크(Acetylon Pharmaceuticals Inc., Elevian, Verve Therapeutics, VesigenTx), 푸드테크 (KULA BIO, Pairwise), 바이오 의학 기술 및 시스템(Beacon Bio, Immunis.ai, Vizgen), 에너지 및 자원(Singularity), 소재, 생산 및 물류(Soft Robotics, Voxel8), 교육(Perusall, Root), 하이테크, 데이터 및 반도체(Crimson Hexagon, Whetlab, Sionyx)

- MIT: 2023년 기준으로 730개의 발명 공시(invention

disclosure), 435개의 미국 특허 발행, 139개의 라이선스 및 옵션 실행. 총 라이선스 수익 8,740만 미국 달러. 더불어 2023년 기준으로 3,510개의 기업(50개의 유니콘 기업 포함). 조달한 자금 총 약 1,189억 9천만 미국 달러.

> 우수사례: Intel(1968), HP Inc.(1939), TSMC(1987), Raytheon(1922), Qualcomm(1985), Moderna(2010), Coursera(2012)

- Stanford: 2023년 기준으로 5,461의 기업(113개의 유니콘 기업 포함). 조달한 자금 총 약 1,958억 미국 달러.
> 우수사례: LinkedIn(2003), Nubank(2013), Netflix(1997), Cloudera(2008), Matterport(2011)

- INSEAD: 2023년 기준으로 1,448의 기업(13개의 유니콘 기업 포함). 조달한 자금 총 약 258억 미국 달러.
> 우수사례: Ixigo(2007), Qonto(2017), Wise(2011), Dott(2018)

- Cambridge: 2023년 기준으로 테크 관련 1,922개의 기업.
> 우수사례: CMR Surgical(2014), ElevateBio(2018), Devo(2011), Capchase(2020)

- LSE: 2023년 기준으로 897개의 기업(6개의 유니콘 기업 포함). 조달한 자금 총 약 72억 2천만 미국 달러.
> 우수사례: HDFC Bank(1994), Bulb(2014),

Roofstock(2015)

- Tel Aviv University: 2023년 기준으로 1,814개의 기업(26개의 유니콘 기업 포함). 조달한 자금 총 약 376억 9천만 달러.
  〉우수사례: Payoneer(2005), Wix(2006), Innoviz(2016), K Health(2016), Monday.com(2012)

- Tsinghua: 2023년 기준으로 469개의 기업(15개의 유니콘 기업 포함). 조달한 자금 총 약 352억 9천만 달러.
  〉우수사례: Kuaishou(2011), CARRO(2015), HappyFresh(2014), Meituan(2009)

- NUS: 2023년 기준으로 954개의 기업(4개의 유니콘 기업 포함). 조달한 자금 총 약 101억 5천만 달러.
  〉우수사례: Razer(2005), Foursquare(2009), Carousell(2012), Affle(2006), KreditBee(2018)

참고문헌

• Berkeley Haas Entrepreneurship Faculty. (Link: https://entrepreneurship.berkeley.edu/faculty/)

• Berkeley Haas Full-Time MBA Program. Entrepreneurship. (Link: https://mba.haas.berkeley.edu/careers/entrepreneurship)

• Cambridge Capital Group. Investing in the Cambridge Hi-tech Cluster. (Link: https://cambridgecapitalgroup.co.uk/)

• Cornell University. Entrepreneurship at Cornell. (Link: https://eship.cornell.edu/entrepreneurship-courses-and-minors/)

• Cornell University. Entrepreneurship at Cornell – eLab. (Link: https://eship.cornell.edu/item/elab/)

• Government of the United Kingdom. Finance and support for your business. (Link: https://www.gov.uk/business-finance-support)

• Harvard Business School. Entrepreneurial Management – Curriculum. (Link: https://www.hbs.edu/faculty/units/em/Pages/curriculum.aspx)

• Harvard Innovation Labs. President's Innovation Challenge – PIC 2023. (Link: https://innovationlabs.harvard.edu/presidents-innovation-challenge/)

• Harvard Office of Technology Development. Harvard Startups. (Link: https://otd.harvard.edu/impact/harvard-startups/)

• Howarth, J. (2022, December 24th).33NewStartupStatisticsfor2023.ExplodingTopics. (Link:https://explodingtopics.com/blog/startup-stats)

• Indiana University. University Policies – Leaves for Development of Commercial Projects with a Non-University Entity. (Link: https://policies.iu.edu/policies/hr-05-50-leaves-commercial-projects/index.html)

• London School of Economics and Political Science. Executive MSc Social Business and Entrepreneurship. (Link: https://www.lse.ac.uk/study-at-lse/Graduate/degree-programmes-2023/Executive-MSc-Social-Business-and-Entrepreneurship)

• London School of Economics and Political Science. MSc Social Innovation and Entrepreneurship. (Link: https://www.lse.ac.uk/study-at-lse/Graduate/degree-programmes-2023/MSc-Social-Innovation-and-Entrepreneurship)

• Martin Trust Center for MIT Entrepreneurship. Affiliated Faculty. (Link: https://entrepreneurship.mit.edu/faculty/)

• Martin Trust Center for MIT Entrepreneurship. Annual Report – Highlights of our Programs & Achievements. (Link https://entrepreneurship.mit.edu/annual-report/)

• Martin Trust Center for MIT Entrepreneurship. MBA Entrepreneurship & Innovation Track. (Link: https://entrepreneurship.mit.edu/mba-entrepreneurship-innovation/)

• MIT Sloan School of Management. MBA – Financing Your Education. (Link: https://mitsloan.mit.edu/mba/admissions/financing-your-education)

• National University of Singapore. NUS Master of Science (MSc) in Venture Creation. (Link: https://enterprise.nus.edu.sg/education-programmes/msc-venture-creation/)

• Nolan Cornell SC Johnson College of Business. Practice Credit Requirements and Guidelines. (Link: https://sha.cornell.edu/current-students/undergraduate/requirements/practice/practice-credit-requirements-and-guidelines/)

• Rubio, J., & Thorne J. (2022, October 31st).PitchBookUniversities:Top100collegesrankedbystartupfounders.PitchBook.(Link:https://pitchbook.com/news/articles/pitchbook-university-rankings)

• Stanford Graduate School of Business. MBA Tuition and Financial Aid. (Link: https://www.gsb.stanford.edu/programs/mba/tuition-financial-aid)

• Stanford Graduate School of Business. MSx Program – Curriculum – Entrepreneurship Path. (Link: https://www.gsb.stanford.edu/programs/msx/curriculum/entrepreneurship)

• Stanford Office of Technology Licensing. Startup Resources & Programs. (Link: https://otl.stanford.edu/startups/startup-resources-programs)

• Stanford University. Best Practices for Faculty Start-Ups. (Link: https://web.stanford.edu/group/coi/overview/start_up.html)

• Stanford University. Stanford Office of Technology Licensing. Best Practices for Startups at Stanford. (Link: https://otl.stanford.edu/startups/best-practices-startups-stanford)

• Statista. (2021, March). Leading universities in the United States in 2020, by number of graduates founding a start-up. (Link: https://www.statista.com/statistics/883589/unicorn-founders-by-undergraduate-college/)

• Stockholm University. University support for innovation and business ideas. (Link: https://www.su.se/english/education/careers/university-support-for-innovation-and-business-ideas?open-collapse-boxes=ccbd-developideasthroughdrivhuset,ccbd-improveyourskillsatblientrepren%C3%B6r,ccbd-learnmoreaboutinnovationandentrepreneurship)

- Tracxn. Startups by University.

- Tsinghua University. Dual Degree Programs. (Link: http://gmba.sem.tsinghua.edu.cn/Academic/Dual_Degree_Programs.htm)

- UC Launch. LAUNCH Accelerator. (Link: https://www.uclaunch.com/about)

- University of Washington. Managing Dual Roles – University Employee and Startup Founder. (Link: https://comotion.uw.edu/services/managing-dual-roles/)

양적 성장에서
질적 성장으로

제3부 1장에서 살펴본 대로 국내 대학의 창업환경은 최근 비약적으로 발전했다. 먼저 학생창업에 대한 지원으로 창업휴학제도, 창업대체학점인정제도, 창업 강좌 학점교류제도, 더 나아가 창업 장학금 제도와 창업 특기생 선발제도 등을 도입해 창업 친화적으로 학사 제도의 유연화가 많이 진행되는 추세이다. 또한 창업학과 및 연계전공 등도 증가하는 추세이다.

　실질적으로 학생들의 창업활동에 대한 지원 금액, 공간 제공, 창업 강좌 제공, 창업캠프 개최, 창업경진대회 개최, 창업동아리 지원 등도 지속적으로 늘어나고 있다. 또한 대학 내에 창업 교육 전담조직을 설치하고 운영예산을 늘리는 기반 인프라 구축에도 투자가 늘어나고 있다. 이에 힘입어 학생 창업자와 창업기업도 꾸준히 늘어나고 있는 추세이다. 교원창업 지원도 마찬가지로 활성화되는 추세이다. 교원 창업 휴, 겸직제도 등의 도입으로 교원 창업자와 창업기원이 가파르게 늘어나고 있다.

　그런가 하면 2020년 기준, 대학 기술기반 창업기업 수는 289개로 전년대비 1.4% 증가에 그쳤고, 대학 기술기반 창업기업의 총 매출액은 전년 대비 53.7% 감소했으며, 고용인원은 3.4% 감소했다(강재원, 권재한, 2022). COVID-19의 영향 본격화 등 다양한 요인이 있겠으나 대학 창업에 대한 물적, 제도적 투자가 큰 효과를 본다고 판단하기는 어려운 상황이다. 좀 더 자세히 살펴보면, 대학 창업 강좌는 꾸준히 증가하고 있으나(최근 5년간 48% 증가), 이론 형 강좌가 대다수를 차지하고 실습 형 강좌 수의 비중은 21%수준에서 정체중이다.

(단위: 개, %)

구분	2016	2017	2018	2019	2020
이론형 강좌 수	8,295 (79)	9,349 (79)	10,734 (77)	11,114 (79)	12,228 (79)
실습형 강좌 수	2,166 (21)	2,479 (21)	3,171 (23)	3,022 (21)	3,234 (21)
합계	10,461 (100)	11,828 (100)	13,905 (100)	14,136 (100)	15,462 (100)

표1. 대학 창업 강좌 현황 (이론, 실습) | 자료: 교육부, 한국대학교육협의회 (2021)

또한 대학 창업 인프라 중 물리적 공간과 전담 직원 수는 증가 중이나 교비와 교원 수는 감소하고 있다.

(단위: ㎡, 백만원, 명)

구분	2016	2017	2018	2019	2020
공간	148,132	148,994	189,285	193,809	228,417
교비	24,136	33,728	23,129	21,929	16,534
교원 수	537	592	641	629	605
전담직원 수	1,071	1,189	1,199	1,285	1,321

표2. 대학교 학생 창업 지원 현황 | 자료: 교육부, 한국대학교육협의회 (2021)

나아가 최근 5년간 학생 창업 기업 수는 52% 증가하였으나, 매출 발생 기업은 전체 창업기업 중 20% 수준에서 정체 중이며 고용 발생

기업 비율은 더 낮아 낮은 10%대에 머물고 있다.

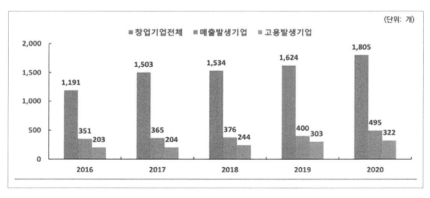

표3. 학생 창업기업 현황 ㅣ 자료: 교육부, 한국대학교육협의회 (2021)

　　이를 종합해 보면 국내 대학들의 창업에 대한 투자는 완만하게 증가하는 추세이나 교비와 교원 등 일부 창업 인프라 요소는 오히려 줄어들고 있고 매출, 고용창출 효과 등 효율성도 정체된 상황이라고 볼 수 있다. 이에 향후에는 대학 창업 지원에 있어서 양적 성장과 더불어 질적 향상, 다시 말해 투자의 효율성을 높이는 방향성이 요구된다. 이를 위한 다양한 전문가 의견 및 연구결과들의 내용을 정리해 보면 다음과 같다.

　　첫째, 창업교육의 무게중심을 이론중심에서 실습 및 실무 중심으로 전환한다. 이를 위해 창업교과목을 교양과목 수준에서 전문성과 실무 유용성을 높이고 특히 외부 전문가를 적극적으로 초빙, 활용한다. 이를 위해 시급한 과제는 역량 있는 외부 전문가에게 충분히 합당한 처우를 할 수 있는 임금 및 인센티브 제공이 가능하도록 대학 인사 시스템을 유연화 할 필요가 있다. 또한 기업가정신 이론 중심의 창업교육은 대학생의 창업 효능감과 기회인식에 영향을 끼치지 못하는 연구결과(이정란, 장규순, 2018)에 비추어 볼 때 기업가정신 전문 학자들의 창업교육 및 시스템에 대한 과도한 개입을 지양하고 실무 형 전문가에게 정책의 사결정 및 운영에 대한 권한을 이양하는 것이 바람직하다.

둘째, 대학 창업 인프라의 고도화를 추진한다. 대학 창업 지원 시스템의 핵심적인 부분들 (기술개발 장비 지원, 졸업기업과 네트워크 구축, 법률 자문, 투자정보 제공 등)의 영역에서는 기대수준에 못 미친다는 조사결과(김영문, 강태균, 2022)에 비추어 볼 때 역량이 부족한 영역의 매니저 급 직원을 확보하고 이들이 창업 학생 및 교원들에게 적절히 도움을 줄 수 있는 체제를 구축할 필요가 있다. 이를 위해서 역시 대학 인사 시스템을 유연화 해 역량이 충분한 직원을 확보해야 한다.

셋째, 창업 실패를 넘어설 수 있는 리스크 관리에 대한 역량을 키울 필요가 있다. 재(再)창업 기업의 생존율은 일반기업 대비 매우 높은 것으로 나타나는 만큼(중소벤처기업부, 창업진흥원, 2022) 실패 시 창업 학생 및 교원의 피해가 최소화되고 창업 시도 자체가 인정받는 제도와 문화를 정착할 필요가 있다. 이를 위해 최근 학생 창업자들의 추세는 네트워크를 공고히 해 동시에 여러 개의 창업 프로젝트를 준비하며 선배 창업자들의 프로젝트에 수시로 참여해 경험을 쌓고 정보를 공유하는 등 스스로 리스크 관리를 하는 모습을 보여준다. 반면 아직 실패 사례에 대한 부정적 인식의 극복이나 교훈을 공유하는 등의 건설적인 문화까지는 활성화 되지 않아 보인다. 또한 대학 당국에서도 재창업자에 대한 지원이나 창업 경력의 인정 등에 더 적극적으로 나설 필요가 있다.

'팀 창업'과 '상업화' 교육의 필요성에 대한 인식의 저변 확대

대학 창업의 효율성을 높이는 측면에서 근본적으로 생각해 볼 부분이 있다. 먼저 창업의 목표라고 할 수 있는 혁신의 개념에 대한 재고이다. 혁신의 정의는 많은 학자와 사업가들이 제시했지만 가장 간결하게 제시된 개념은 Edwards B. Roberts가 1988년 제시한 "혁신=발명 x 상업화"이다. 이 개념에서 다음과 같은 점들을 유추할 수 있다.

첫째, 혁신의 대상은 기술뿐만이 아니고 비즈니스 모델, 생산 프로세스, 채널 다변화 등 다양한 영역이 될 수 있다.

둘째, 아무리 큰 변화라도 상업화를 수반하지 못한다면 혁신은 없다고 할 수 있다. 이 의미는 혁신을 목표로 제시한 창업기업의 'solution'이 고객에게 가치를 느끼게 해야 한다는 것이다. 이러한 혁신의 개념을 공유하면 대학 창업 인프라의 효율성을 높이게 하는 방향성을 찾기가 한결 용이할 수 있다. CB Insight 등이 조사, 발표하는 "스타트업의 실패 원인" 내용을 보면 가장 높은 순위는 보통 "시장과 고객의 개발 실패"이다. 이는 곧 혁신의 정의 중 "상업화"의 요소가 달성되지 못한 것으로 볼 수 있다.

위에서 언급한 특정 기술 분야의 전문가(교원 등)일수록 "발명"

요인에 무게중심이 쏠리고 "상업화" 요인의 중요성이 덜 인지되는 경향이 있는 것으로 해석이 가능하고 여기에 더해 "발명"의 대상이 "기술"에 매우 집중되는 경향이 있다고 할 수 있다. 물론 파급력이 큰 기술에 대한 전문성이 기반이 된 창업이 바람직하지만 원하는 혁신을 달성하기 위해서는 시야를 조금 더 넓혀서 혁신의 대상을 유연하게 판단하고 상업화에 대한 이해도를 높이는 것이 창업 성공 확률을 높일 수 있다.

중소벤처기업부(2021)에 의하면 우리나라 벤처기업 창업자의 전공 분야는 공학(엔지니어)이 61.6%로 가장 많고 경영·경제학 14.9%, 자연과학 12.8%, 인문사회학 7.4% 순으로 조사되었다. 즉 기술 분야의 전문성을 기반으로 하는 창업자가 절반을 훌쩍 넘는 것이다.

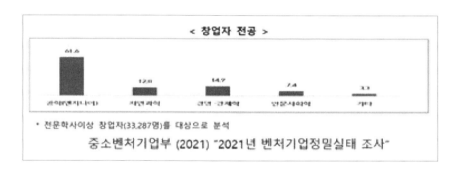

또한 글로벌 벤처기업을 대상으로 한 과학기술정책연구원 (2021)의 연구조사에 의하면 전체 글로벌 벤처기업의 96%는 1인 창업 기업이며 4%만이 팀 창업으로 나타났다. 반면 유니콘 기업만을 대상으로 하면 무려 72.2%가 팀 창업으로 나타났다. 팀 창업을 기반으로 한 유니콘 기업의 팀 구성 형태를 보면 공학계열과 상경계열의 공동 창업이 압도적으로 높다.

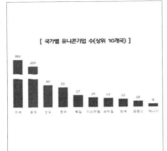

[국가별 유니콘기업 수(상위 10개국)]

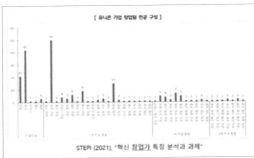

[유니콘 기업 창업팀 전공 구성]

STEPI (2021), "혁신 창업가 특징 분석과 과제"

　　　결국 스타트업의 성공확률을 높이려면 창업자의 "발명"과 "상업화" 양쪽에 대한 이해도를 높이고 각 분야에 대한 전문성이 있는 창업자들의 공동 창업이 장려될 필요가 있다. 이를 위해서는 대학의 학제 간, 전공 간 벽을 낮추고 유연한 학사운영을 통해 문(文)·이(理)과적인 소양을 고루 갖춘 인재들이 다수 배출될 수 있는 창업교육 환경이 필수라고 하겠다. 특히 기술 분야의 전문가 및 전공자들에게 상경 계통 전문성을 교육하고 상경 계통 전문가 및 전공자들과의 공동 창업 및 협업을 장려하는 것이 바람직하다.

대학 창업의 저변 확대와
융합교육의 고도화

향후 대학 창업의 저변 확대를 위해 공학, 자연과학, 의학 등 기술 분야 전공 학생과 교원뿐 아니라 인문학, 사회과학, 예술 및 체육 분야 학생 등 다양한 전공의 학생과 교원들의 창업의욕을 고취하고 이를 위해 창업 문턱을 낮추는 노력이 바람직해 보인다.

학생의 경우 최근 다양한 전공과 배경을 가진 학생들의 창업 시도가 매우 활발해지고 있으나 교원의 경우는 앞서 언급한 기술 분야 교원들의 창업이 대다수를 차지하고 있어 보다 비(非)기술 전공 분야 교원들의 창업을 장려하고 지원하는 시도가 필요하다.

또한 스티브 잡스 애플 창업자의 "인문학(liberal arts)과 기술의 교차로"라는 언급처럼 다양한 학문 분야의 공존과 교차에서 상상력에 기반을 둔 근본적인 혁신이 나올 수 있다는 인식이 많이 보급되어 있고 이를 대학창업 환경의 개선에 도입하려는 노력은 지속 중이다.

대표적으로 창업 관련 전공의 운영 형태가 "창업연계전공"의 형태인 경우가 2020년 기준 약 60%에 이른다. 이는 곧 학생의 주(主)전공이 별도로 있는 상태에서 복수(複數)전공 또는 부(副)전공의 형태로 창업교육이 이루어진다는 의미로 최소 2개 이상의 분야에서 융합교육을 진행하는 것이기에 창업에 대한 입체적인 관점을 가지는 데 큰 도움이 될 수 있다. 따라서 향후에도 대학, 전공, 학제 간의 벽을 낮추고 다양한 분야에 대한 경험을 장려하는 노력이 지속되어야 한다.

교원 창업에 대한
역량강화 지원 확대

대학에서는 다양한 학문분야의 전문가(교원 등)와 각 분야에서 다양한 수준의 전문성을 습득하고 있는 학생들이 창업에 도전하게 된다. 이러한 특정 전공분야에 대한 심화된 지식과 경험은 창업 과정에서 중요한 자산으로서 작용하지만, 반면 창업 과정에서 반드시 필요한 리더십, communication, 인사조직, 재무 등 다양한 역량이 도외시되거나 시야가 좁아지게 될 가능성도 존재한다.

이러한 현상은 특히 자연과학, 공학, 의학 등 특정 기술 분야에서의 전문성이 심화될수록 함께 나타날 수 있으며 결과적으로 대학 구성원의 창업 성공 확률을 낮추게 될 수 있다.

대학 내의 다양한 창업교육 인프라는 특정 전공 학생들의 창업 소양을 키우는 데 매우 큰 효과가 있으나 교원 등 전문가들의 경우 오히려 창업 소양 배양의 사각지대에 놓여있는 경우도 종종 있다.

이러한 부분은 대학 교원 초기 창업 과정에서 많이 보이는데 특정 분야의 권위 있는 전문가가 자금계획, 지적재산권 확보 및 관리, 파트너십 형성 등의 영역에서 마찰을 빚거나 경영상 난맥을 초래하는 경우가 많다.

창업의 가반인 핵심 기술력을 보유하고 있기에 다른 역량의 필요성에 대한 인식이 부족하거나 개발되지 않은 경우들이다. 이에 대학의 창업 및 보육 기능이 학생뿐 아니라 교원 등 전문가에게도 지속적인 지원을 제공할 필요가 있다.

Globalization

글로벌화는 국경을 넘어서는 테크 산업의 특성과 국내시장의 협소함, 그리고 특정국가 리스크(문화, 규제, 자연재해 등) 대응 등의 이유로 벤처기업의 scale up을 위해 반드시 필요하다. 이런 필요성에 비해 아직까지 국내 벤처기업의 글로벌화는 활성화되지 못하고 있다.

벤처기업 중 해외수출 등 글로벌 활동이 없는 기업이 전체의 75.9%에 달하고 해외매출액은 전체의 6.8%에 머물고 있다. 또한 해외시장 진출은 내수시장에서 보통 3년 이상 활동 후 점진적인 진출을 추구하고(수출벤처기업 중 60.5%), 주력 해외시장이 틈새시장이 아닌 기존의 전략을 활용해 바로 수익을 창출할 수 있는 주류시장을 목표하고 있다(산업연구원, 2018).

반면 소수이기는 하지만 최근에는 처음부터 글로벌 시장을 목표로 하거나 아예 해외 틈새시장부터 공략하는 경우도 등장하기 시작한다. 이러한 관점에서 대학은 글로벌 교육과 연구 요건이 가장 잘 갖추어진 곳 중 하나이다. 학문 분야별 글로벌 네트워크가 구축되어 있고 다양한 산학 협업이 일어나고 있으며 교환교수, 교환학생 등 다양한 교원, 학생들의 글로벌 인적교류가 활발하다.

특정 국가나 지역의 시장상황, 규제현황, 문화적 배경 등에 대해 직접적인 문의가 가능하고 필요한 자원에 접근할 수도 있다. 이런 점에서 대학창업은 일반적인 국내 벤처기업에 비해 글로벌 시장으로 진출하는 데 필요한 많은 인적, 지적 자원을 활용할 수 있다.

대학창업 기업의 글로벌화를 위해서는 관련 소양과 교육의 강화가 필요하다. 일례로 global company를 지향하는 Google과 multinational company를 지향하는 Amazon의 전략 차이를 이해하고, glocalization, localization premium 등 상황에 따른 차별화된 글로벌화 전략의 개념과 사례분석 등의 교육을 통해 글로벌 시장에서 효율적인 product-market fit을 달성하도록 지원해야 한다.

또한 정부의 창업 생태계 정책 전반적으로 수출 형 모델 지원 일변도에서 글로벌 생태계 전략으로의 패러다임 변화가 필요하다. 다시 말해 글로벌 벤처 생태계에서 inbound와 outbound 벤처기업 지원을 동시에 활성화시키고, 특히 떠오르는 제3세계(동남아시아, 남미, 아프리카 등) 벤처기업들의 국내 진출 활로를 열어주면서 동시에 이들을 거점으로 하는 신(新)시장 개척을 지원하는 방식 등이다.

이를 통해 글로벌 시장 교두보를 확보하고, 현지 업체들과의 JV 등 협업을 강화하며, 글로벌 VC펀드를 활성화하는 등 글로벌 벤처 생태계의 육성에 기여하며 공생(共生)하는 전략을 추진할 필요가 있다.

Reference

강재원, 권재한 (2022). 준비된 가벼운 청년 창업을 위하여. 중소기업 포커스 제22-10호.

과학기술정책연구원 (2021). 혁신창업가 특징 분석과 과제 - 유니콘기업 사례 중심으로

교육부 · 한국대학교육협의회(2021), 「대학산학협력활동실태조사」.

김영문 · 강태균(2022), 「Borich 요구도와 Locus for Focus Model을 이용한 창업보육 지원 서비스 개선방안 연구」, 『경영교육연구』, 37(2), p289-316.

이정란 · 장규순(2018), 「대학생 창업지원프로그램이 창업효능감, 기회인식, 창업의지에 미치는 영향」, 『벤처창업연구』, 13(1), p43-60.

중소벤처기업부 (2021). 2021년 벤처기업 정밀실태조사.

중소벤처기업부, 창업진흥원 (2021). 2020 대학산학협력활동조사결과 창업부문보고서.

재창업 지원기업의 1년 생존율(94.8%), 3년 생존율(77.5%), 5년 생존율(53.6%)은 일반 기업의 1년 생존율(64.8%), 3년 생존율(44.5%), 5년 생존율(32.1%)에 비해 높음

중소벤처기업부, 창업진흥원 (2021). 2020 대학 산학협력활동 조사결과 창업부문보고서.